はしがき

　皆さんは、将来に漠然とした不安を持って~~い~~~~ま~~

　現在わが国では、超少子高額の国
の借金、急速な温暖化など過去~~に~~~~も~~~~~~こって
います。近年では、新型コロナ　　　　　　　　　攻など
の未曾有の事態も発生しました　　　　　　　　も、中小企業経
営者や中小企業支援者は中小企業を見捨てて逃げるわけにはいきません。

　本書は、将来が見通せなくなった中小企業経営者や中小企業支援者
が、自らの心を奮い立たせ中小企業を成長発展させていこうとする
きっかけづくりのために執筆しました。その手段として、経営デザイ
ンシートを活用した補助金活用時の事業計画策定・活用に焦点をあて
ています。本書を、中小企業経営者やその支援者が社会的・経済的に
価値ある事業計画の策定を行い、希望を持って経営にあたっていくた
めの参考にしてください。

　本書の中小企業経営者インタビュー等でも扱っていますが、新型コ
ロナ感染症やウクライナ侵攻では、中小企業を取り巻く経営環境は激
変しました。これらの中小企業を含め、事業構造を変えるために新製
品の開発や業種・業態転換、組織再編などを考えている中小企業は少
なくありません。その取組みを支援するために、国や地方自治体は過
去に例がないほどの補助金を準備しています。これを活用した中小企
業が今後3〜5年でわが国の産業構造を大きく変えていくことでしょ
う。

　新型コロナ感染症やウクライナ侵攻が企業経営にマイナスとなった
例は、少なくありません。しかし一方でこれは、経営環境が変わった
ため次世代に向けて事業を成長発展させていくチャンスでもありま

す。現在の環境変化を機会ととらえ、この機会をうまくとらえるために本書をご活用いただければ幸いです。

2023 年 3 月
株式会社中村貴彦中小企業診断士事務所　代表取締役
（Office コンサル鷹（認定経営革新等支援機関））
中村　貴彦

目　　次

第5章　中小企業経営者インタビュー

資　料

序

　私は、自らの心を奮い立たせ社会的・経済的価値ある「将来、ありたい自社の姿」をイメージして、それに向かって挑戦する事業計画を策定された、ある中小企業経営者を知っています。

　その中小企業経営者は、産業廃棄物処理業を営んでいた白髪女性経営者で、当時70歳代でした。品が良く、日ごろ、おっとりとされていた方です。

　その中小企業経営者がある日、経営幹部が揃う中で満面の笑みを浮かべてこう発言されました。

　「中村さん、10年後のありたい姿を考えてきましたよ。完全リサイクル可能なリサイクル業者になって廃棄物のない社会作りに貢献します。それまで現役で頑張りますよ。これをみてください。イメージはこんな感じです。いまはこんな状況ですが、10年後にはこのようにします。」

　そこには廃棄物の回収からリサイクル商品の販売に至るプロセスを示したポンチ絵が……。しっかり自社の強みも書き込まれていました。

　それに聞き入っていた経営幹部の皆さんと私は一斉に感嘆の声を上げました。それと同時に皆、一様に感じたものです。「社長は本気だ。本当にやり切るぞ」と。この中小企業経営者は、将来のありたい姿をしっかりイメージできたので、この発言につながったのでしょう。

　この中小企業経営者は、その後、補助金を活用して、ご自身がデザインした経営の実現に向けて取り組まれています。この中小企業経営者が描かれた将来のありたい姿は壮大なものでした。自助努力だけで実現するには10年では短かすぎる計画です。それを補助金でカバー

することにされました。

私は、自社の経営をいま一度軌道に乗せるため、あるいはさらに成長を加速させるためには、3つの要素が必要だと感じています。

① 魅力的な夢（目標）を掲げること
② 目標に向かって進む道筋を明らかにすること
③ 道を進む際に問題が出たら俊敏に解決すること

本書では、このうち①に内閣府が公表した経営デザインシートという経営ツールを使い、②を事業計画で示しています。

私は2003年10月に地方銀行系のシンクタンクに入社して、経営コンサルタントになりました。経営コンサルタントになった初期のころは補助金を活用する支援は行っていませんでした。それは、「自分は経営コンサルタントであって、代書屋じゃないんだ」という強い思いがあったためです。そうはいってもサラリーマンとして業績を上げなければなりません。補助金申請支援は、金銭的な価値が明確なため、比較的営業しやすく、実力があればそれなりの収益が見込めるコンサルティングメニューです。

少し心が揺らぎ、補助金申請支援に足を踏み入れました。2013年のことです。当時、「ものづくり補助金（通称）」と呼ばれる大型の補助金が出たころです。私はもともと製造業で経営企画や生産管理を担当していたため、ものづくりの事業計画作りには知見がありました。その知見が活かせるのではないかと思ったのです。当初、補助金申請支援は、ネガティブな気持ちを抱えながらのスタートでした。しかし、ある人に出会って考えが一変しました。

当時、勤務先の親会社の金融機関と連携して、金融機関の取引先の補助金活用を支援することになったのです。そのときに金融機関側で補助金活用を推進していたのが、経済産業省から金融機関に出向されていた方でした。経済産業省時代は、補助金の制度設計などもされて

いた方です。その方があるとき、このようにおっしゃいました。

「中村さん。補助金申請には、外部専門家の支援が不可欠ですよ。中小企業経営者は、普段の仕事が忙しくてなかなか将来のことを考えられないじゃないですか。補助金はそういう中小企業経営者に自社の経営を見つめ直していただくいい機会になると思うんですよ。大型の補助金があれば、いろいろ買えるので欲しくなりますよね。でも「古い設備を新しくしたい」とか、「同業他社がやっているから自社もこんな投資をしたい」とかでは補助金はもらえないんです。この手の補助金は、いい事業計画を作成した企業だけがもらえますから。

当然、中小企業経営者もそのあたりのことはご存じなので、しっかりした事業計画を立てようと考えられます。でも、日ごろ下請けの仕事ばかりしていると、下請けの仕事という枠組みの中でしか将来を考えることができないことが多かったりします。

国としては、過去の延長線上のちょっとした改善に１千万円規模の税金を投じるわけにはいきません。少しリスクがあっても中小企業が成長発展し、さらに業界や地域経済、わが国の産業を牽引する可能性のある事業に投資したいんです。補助金はリスクをとって新しい事業に挑戦してもらえる企業がリスクをとる代償としてもらえると理解していただくといいと思います。

このようなときに、外部専門家の方に偏見のない第三者の目で事業計画を立てる支援をしていただくと、社会的かつ経済的に良い事業計画が立てられると思うんです。これって、外部専門家の方にもやりがいがあっていいと思いませんか。一緒にやっていきましょうよ」と。

これ以来、補助金を活用して中小企業を元気にするお手伝いを積極的に推進しています。経営デザインシートは、補助金活用に合わせて使うと有効な経営ツールと言えるでしょう。その際に活用しているノウハウをご紹介しているのが本書です。

本書の構成は、5章立てにしています。

第1章は、「経営をデザインする意義」についてです。具体的には、以下について記載しています。

1　中小企業を取り巻く環境変化

2　経営をデザインする意義

3　経営デザインシートとその他行政発の経営ツール

4　経営デザインシートの補助ツール

経営をデザインする意義について正しく理解できていない状態で補助金に目を向けると、補助金が単にお金を得るための手段だと認識してしまいかねません。これだと長期的にみた場合、経営へのメリットは多くないでしょう。経営的考察ができていないためです。この点をご理解いただくために、【事例】を入れて「経営をデザインする意義」についてご説明します。**第1章**では、実務で使用しやすいように**第5章の事例企業（熊手蜂蜜株式会社）**を参考に経営環境分析の仕方も解説しています。「1　中小企業を取り巻く環境変化」は現状分析の【演習】つきです。

第2章は、「経営のデザインが活きる補助金」についてです。具体的には、以下について記載しています。

1　補助金の基礎知識

補助金の基礎知識やそれぞれの補助金の特徴を理解していないうちに闇雲に補助金申請しては、たとえ最適な経営をデザインして事業計画を策定しても、効果が限定的になったり、そもそも採択されなかったりしかねません。そこで、はじめに補助金の基礎知識について、実務で使えるように、本書のインタビュー企業の事例を参考に活用イメージをつかんでいただきます。

2　経営のデザインが活きる補助金

本節では、国や地方自治体で広く公募が行われている以下の補助金の代表的なものを筆者が補助金獲得の<u>難易度</u>と経営デザインシートと

の相性度を評価した上で、補助金ごとにおさえておきたい特徴を解説します。

 ⑴ 事業を再構築させるための補助金

 ⑵ 設備投資を促進させる補助金

 ⑶ 新技術や新サービスを開発させるための補助金

 ⑷ 本社や工場等を建設させるための補助金

 ⑸ 事業を承継させるための補助金

 ⑹ 経営を改善させるための補助金

 ⑺ 事業を持続させるための補助金

 第3章は、「経営デザインシートの作成ノウハウ」についてです。

 本章では、経営デザインシートの簡易版を使って、以下を解説していきます。

1 経営デザインシート作成にあたって

2 株式会社フリーデンの経営デザインシート

3 自社のありたい姿を明確にする

4 社会から認められるビジネスを創造する

5 自社の現状を正確に理解する

6 将来と現在の差を埋める

 本章では、実務で使いやすいように経営デザインシートの基礎知識に加え、本格的に経営デザインに取り組んだ中小企業（株式会社フリーデン）の事例を、実際に経営デザイン作成のプロジェクトを企画・運営された**経営者の方々のインタビューを交えて解説**しています。

 第4章は、「タイプ別にみた事業計画と経営デザインシート」です。

 どの補助金でも求められる事業計画の型が同じ、というわけではありません。本章の内容は、補助金によくある4つのタイプの事業計画と経営デザインシートとの関係の解説です。

1 事業再構築型の事業計画

2 経営革新型の事業計画

3　事業承継型の事業計画

4　経営改善型の事業計画

　第5章は、「中小企業経営者インタビュー」です。

　実際に経営をデザインしたうえで事業計画書を策定し、補助金申請を行った経験のある中小企業経営者の体験談を取り上げました。イチ経営コンサルタントが、「ああだ」、「こうだ」と言っても実際に中小企業経営者が使用した場合、どのようになるかは伝わりません。そこで、実際に以下の中小企業4社の経営者の生の声をお伝えします。

1　熊手蜂蜜株式会社（ものづくり補助金）

2　株式会社てっぺん（事業再構築補助金）

3　有限会社横浜国際教育学院（もの補助＋事業再構築）

4　株式会社アクトキャップ（事業承継補助金）

　（注）　補助金の内容は変更される場合があります。申請時は、必ず最新の情報でご確認ください。

第1章

経営をデザインする意義

　「港が使えなくなり、ウクライナから農産物が出せない。迂回してでも必ず農産物を届ける。買ってほしい。私たちにも生活がかかっている。助けてほしい」。

　こんな声が、ある農産物の加工商品を製造販売していた中小企業経営者に届きました。連絡を受けたのは、**第5章**の経営者インタビューでご紹介する**事例企業1（熊手蜂蜜㈱）**の土肥常務です。「なんとかしてあげたい」そういう思いがこみ上げてきたといいます。お客さまからも、消費者向けに少量のウクライナ産商品を売ってほしいとの声が上がっていたそうです。しかし、この時の主力商品は、業務用などの大容量商品でした。

　こういう時、優良大企業ほど資金や人材が潤沢ではない中小企業経営者は、どうしたらいいのでしょうか。当然、新規投資が必要不可欠です。補助金活用も視野に入ってきます。とは言え、一時の感情に任せて、思慮もなく消費者向けの商品を開発・製造・販売していては、事業が成り立ちません。

　あなたは、どう思いますか。

　こういう時に行うべきことは、スピーディーに将来を含めた経営の全体を見つめ直すことです。

　第1章では、経営をデザインする意義について、**事例1**企業の例を参考にもう少し掘り下げて説明します。

1 中小企業を取り巻く環境変化

　本節では、「経営をデザインする意義」について「中小企業を取り巻く環境変化」の面から記載します。

　最初に、環境変化を記載する背景となった、

⑴　令和は世界変動が中小企業に大影響を与える

について総括します。

　近年に起きた新型コロナ感染症やウクライナ侵攻などで、あらためて世界の動きが身近なところに影響を与えていると感じられている人も少なくないのではないでしょうか。そのあたりに触れています。

　次に取り上げているのは、以下の３つの切り口からの中小企業を取り巻く環境分析です。

⑵　マクロ（外部）環境の変化

⑶　ミクロ（外部）環境の変化

⑷　内部（社内）環境の変化

　中小企業診断士をはじめとする経営コンサルタントがよく使用するＳＷＯＴ分析という経営ツールを使い、**第５章**の経営者インタビューで取り上げた熊手蜂蜜㈱の【事例】を用いて、解説しています。それぞれ後につけているのは【演習】です。補助ツールも活用しながらＳＷＯＴ分析を行います。読者の皆さん、少しチャレンジしてみてください。最後に⑸で⑵〜⑷の「経営環境の変化」と本書との関係を解説しました。

⑸　経営環境の変化と補助金＆経営デザインシート

(1) 令和は世界変動が中小企業に大影響を与える ──

> グローバル化が進展している令和では、多くの中小企業に世界の動きが多大な影響を与えるようになってきました。このため、いまの中小企業経営を考える場合は、企業規模や業種・業態に関わらず、世界規模の外部環境（マクロ環境）から顧客や競合相手など自社と直接関係のある外部環境（ミクロ環境）、社内の組織や人、物、金など（内部環境）の俯瞰が必要です。

　以前であれば、地域に密着した企業に限らず、日本国内のみで事業展開を行っている企業は、自社の周りの経営環境を押さえていれば、経営が成り立ちました。しかし、いまは違います。

　本書の執筆を始めた2022年には中小企業経営に悪影響を与える出来事がありました。新型コロナ感染症やウクライナ侵攻です。

　コロナ禍では、社会生活が大きく変わりました。移動の制限や飲食方法の変化等です。移動の制限では、鉄道業界やバス業界、旅行代理店や宿泊業界などが顧客の減少により大きく減収減益となりました。飲食方法の変化では、外食が減り、中食や内食が増えたのは周知のことです。外食の減少で飲食店の顧客は激減しました。中食の増加で弁当のテイクアウト店などの顧客が増えています。内食の増加では、食品スーパー等で恩恵を受けたところが少なくありません。また、現在では宅配ビジネスなどが盛んに活用されています。

　ウクライナ侵攻では、**事例1**企業の熊手蜂蜜㈱に限らず、原油や木材、食糧の価格高騰などで多くの中小企業が影響を受けています。原油価格の高騰では、3〜5か月後には、ガソリンや電気・ガスの小売価格に影響が出ました。木材の価格高騰の影響が出たのは住宅の建築費等です。食糧価格の高騰では、政府が介在する小麦などは半年から1年、その他早いものでは1か月も立たずに小売価格が上昇しま

した。

　これらの影響を受けている方も多くいらっしゃることでしょう。このように今日の中小企業経営は、自社の経営に間接的に影響しそうな外部環境（以降、「マクロ環境」と呼びます）から顧客や競合など自社と直接関係のある外部環境（以降、「ミクロ環境」と呼びます）、社内の組織や人、物、金など（以降、「内部環境」と呼びます」）まで俯瞰しなくてはならなくなったのです。

　先に挙げた**事例1**のケースでこれらの経営環境を整理すると、数年前（2019年）といま（2022年）とでは**図1-1**のように変わってきます。

◆図1-1　熊手蜂蜜㈱に見る経営環境の変化

	2019年	2022年
マクロ環境	大きな変化なし	ウクライナ侵攻 新型コロナ感染症
ミクロ環境	顧客からの個別要望あり	ウクライナ農家等からの購入要請 顧客からの新商品開発の要望
内部環境	顧客への個別対応	仕入先や顧客に対応できる仕入ルートや生産、販売体制がない

　この後、中小企業を取り巻く環境変化について、経営環境を(2)**マクロ環境**、(3)**ミクロ環境**、(4)**内部環境**に分けて個別に解説します。それぞれ【事例】、【演習】をつけているので、皆さん考えてみましょう。この中で、経営デザインシートや補助金との関係にも触れます。

(2) マクロ（外部）環境の変化 ─────────

> 　国内のニッチ分野で活動している中小企業では、従来マクロ環境はあまり重要ではありませんでした。しかし、いまは違います。いまは、新型コロナ感染症やウクライナ侵攻にみられるように世界的な視点からマクロ環境を見ることが必要です。おおまかには、政治、経済、社会、技術環境の視点から整理すると良いでしょう。

　マクロ環境とは、新型コロナ感染症やウクライナ侵攻のように自社の経営に間接的に影響しそうな外部環境すべてのことです。自社でまったくコントロール不能な経営環境とも言えるでしょう。発生元は国内外問いません。これだけでは何を押さえたら良いのかわからないことでしょう。おおまかにマクロ環境を押さえる場合、私たち経営コンサルタントは、よく政治、経済、社会、技術環境の視点から整理します。ＰＥＳＴ分析と呼ばれる経営ツールです（政治（Politics）、経済（Economy）、社会（Society）、技術（Technology）の４つの頭文字をとってＰＥＳＴ分析と呼ばれています）。

　政治的要因とは、政治、法律などを指します。ウクライナ侵攻は、政治的な要因の中でも特殊なものです。一般的に企業経営に影響を及ぼすものは、法律や条例、規制などが該当します。政権交代や法改正、国家予算の成立などが企業経営に新たな環境変化をもたらすことは周知のとおりです。

　社会的要因は、人口動態や流行、世論、宗教などです。ウクライナ侵攻では世界的な規模でのウクライナへの支援の声が高まったことなどが該当します。新型コロナ感染症などのパンデミックや、温暖化、地震、台風などの自然災害も経営に影響を及ぼす社会的要因の１つです。

　経済的要因は、一企業の動向ではなく、経済全体を示す景気動向や物価、為替、株価などを指します。こちらも、私たちは企業経営に影響が出る環境変化をもたらすことは経験済みのことです。新型コロナ感染症やウクライナ侵攻では、結果的に、世界的な規模で景気が変動し、物価や為替、株価などに影響が出ました。

　技術的要因は、市場ニーズに応えた商品・サービスを提供するために必要となります。商品やサービスのベースとなる技術やノウハウ、コンテンツ、ブランドなどです。近年では、コロナ禍で急発展したコロナワクチンなどの医療技術やDX化などでしょうか。差別化要因にしやすい技術の形として特許権や商標権、著作権などの知的財産権があります。新型コロナ感染症やウクライナ侵攻などで発生した課題解決の基礎となるものです。新型コロナのワクチンなどから、オンラインシステムなど様々なものが誕生しました。

【事　例】

　図1−1で挙げた熊手蜂蜜㈱の事例でマクロ環境分析を行う際の4つの視点からマクロ環境を整理してみましょう。

　結果は、図1−2のようになります。

　図1−2をウクライナ産商品の新製品販売の視点でストーリー化してみると、こうなります。「ウクライナ侵攻があった（政治的要因）。これを見た世界中の人々から、ウクライナを支援したいといった声が高まった（社会的要因）。しかし、ロシアがウクライナの港の封鎖など（政治的要因）を行ったため、世界的な規模での流通網の断絶（経済的要因）が起きてしまい、ウクライナからの原料調達ができなくなった（経済的要因）。しかし、現在は、昔と違い流通・製造技術の高度化が進んでいる（技術的要因）。これらの技術を活用してウクライナ産商品の販売準備を図る」と整理できるのです。

　これを経営的に分析し、整理すると図1−3のようになります。

◆図1-2 熊手蜂蜜㈱のマクロ経営環境（ウクライナ侵攻関連）

		経営環境
1	政治的要因	ウクライナ侵攻でのロシア等の政策 （ウクライナの港の封鎖など）
2	社会的要因	世界的な規模でのウクライナへの支援の声 （商品購買ニーズ）の高まり
3	経済的要因	世界的な規模での流通網の断絶
4	技術的要因	流通・製造技術の高度化

◆図1-3 熊手蜂蜜㈱のマクロ経営環境分析

	機 会	脅 威
マクロ環境	ウクライナ商品ニーズ 流通・製造技術の高度化	流通網の断絶

　結果から導きだした仮説は、「ウクライナ商品ニーズ」に対応するためには、「高度な流通・製造技術」を活用し「流通網の再編」や「新商品開発」を行うことが良い、ということです。

【演 習】

あなたの企業の経営上の課題は何ですか。課題克服に影響するマクロ環境にはどんなものがありますか。それを、あなたにとっての機会（プラスの要因）と脅威（マイナスの要因）に分けて整理してみましょう。

経営上の課題		

		機　会	脅　威
1	政治的要因		
2	社会的要因		
3	経済的要因		
4	技術的要因		

(3) ミクロ（外部）環境の変化

中小企業経営に直接影響を与える経営環境は、昔もいまも変わりません。特にマーケティング面で押さえておきたい関係者は、①顧客、②競合、③売り手、④新規参入者、⑤代替品の5つです。5つの競争関係によって業界での立ち位置が決まります。

中小企業を取り巻く環境のうち、自社の経営に直接関係する環境をミクロ環境と呼びます。業界内の環境と読み替えてもいいでしょう。自社でコントロールしにくいため、環境変化への対応が鍵となる部分です。マーケティングでよく用いられる事業に係る5つの利害関係者（ファイブフォース※）の視点でみると、自社とミクロ環境の関係がよくわかります。ここでみるのは、①買い手（顧客）、②競合、③売り手、④新規参入者、⑤代替品です。5つの利害関係者（ファイブフォース）の関係は図1－4のようになります。

※ ファイブフォースは、経営学者のマイケル・E・ポーター氏が1979年に『競争の戦略』で発表しました。マイケル・E・ポーター氏は、競争戦略に関する研究の第一人者です。自社に対する5つの脅威を整理したものです。

◆図1−4 事業に係る5つの利害関係者

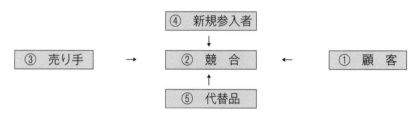

ミクロ環境分析（ファイブフォースの視点）で最も重要なのは、①顧客との関係です。当然のことながら①顧客との関係性（取引関係）が良くなければ、他の②〜⑤の環境いかんに関わらずビジネスは成功しません。顧客ニーズがなかったり乏しかったりしては事業性は高くならないことでしょう。まずは、①顧客との関係性の分析を行うことがミクロ環境分析の出発点です。

次に押さえておきたいのが、②競合との関係です。強い②競合が存在していては、仮に現時点で①顧客との取引が好調でも、先々予断を許しません。このあたりもしっかり分析しておきたいミクロ環境です。②競合との関係性は自社に入障壁が築ける競争優位の源泉があるかどうかが鍵です。自社にそれがない場合、②競合との競争関係が発生しない差別化商品・サービスを扱うことがポイントとなります。このような環境を分析するのも事業を成功させる鍵です。①顧客や②競合との関係性（環境）に問題がない場合でも安心できません。③売り手との関係で事業が思ったようにいかない場合があるためです。

事業活動は、まず人、物、金、情報などの経営資源を調達することから始まります。ここで発生するのが③売り手との取引環境です。③売り手との関係の強弱で外部調達コスト等が変わってきます。自社が

取引上で優位に立っていれば、良い品質のモノやサービスが安く適切なタイミングで調達できるでしょう。一方、優位でなければ、良い品質のモノやサービスを安く適切な時期に調達することはできません。独占もしくは寡占状態にある③売り手から調達する場合、取引条件は厳しくなります。一方で、③売り手の主要製品やサービスの販売先が貴社等に限定される場合、貴社が取引上有利になることは明らかです。

　狭義の業界分析は①～③となります。しかし、実際のビジネスではそれだけでは不十分です。先々を見通すと業界に新たに入ってくる④新規参入者も潜在的な競合となりえます。また、競争関係は業界内に留まりません。自社の商品・サービスの⑤代替品とも競争関係が生じます。これら事業に直接関わる利害関係者の状況、つまりミクロ環境全体を把握することは業界内での自社の立ち位置を決める意味で重要な要素です。

◆図１－５　熊手蜂蜜㈱のミクロ環境

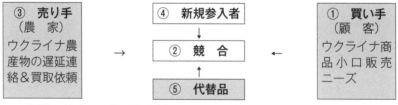

※　網掛け部分は、熊手蜂蜜㈱のミクロ環境で変化が大きい部分

【事　例】
　熊手蜂蜜㈱の場合、ミクロ環境で動きがあるのは、図１－５の通り①顧客（買い手）と③売り手である農産物業者です。

　①顧客からは、ウクライナ商品小口販売ニーズが出ています。ウクライナとのパイプは一朝一夕で確立できないので、②競合企業と④新規参入者の脅威は少なそうです。③売り手からは、ウクライナ農産物

の遅延連絡と買取依頼が来ています。代替品は、事例企業が扱うものでなくても良いので、のんびりしていると機会損失になるのは明らかです。

　上記のミクロ環境分析をまとめると、図1－6のようになります。

◆図1－6　熊手蜂蜜㈱のミクロ環境分析

	企業名など	影　響	対　策
①　顧　客	消費者	ウクライナ商品小口販売ニーズ	重要かつ緊急
②　競　合	同業各社	あまりない	－
③　売り手	ウクライナ農家	納入遅延品の買取要請	重要かつ緊急
④　業界への新規参入者	コロナ禍では想定できない	－	－
⑤　代替商品・サービス	－	ウクライナ産全般	重要かつ緊急

【演　習】

　あなたの企業（支援先）の事業もしくは商品・サービスを１つ選択し、ファイブフォースの視点から競争関係を整理してみましょう。

対象事業・商品・サービス	

	企業名など	影　響	対　策
① 　顧　客			
② 　業界の競合			
③ 　売り手			
④ 　業界への新規参入者			
⑤ 　代替商品・サービス			

⑷ 内部（社内）環境の変化

　企業活動を構成するのは、事業の利益を上げるための主活動とそれを支える支援活動です。業種・業態によって変わってきますが、おおむね図１－７のような項目があります。

　中小企業を取り巻く環境のベースとなるのは、社内（内部）の環境です。内部環境を考える際に役立つ視点にバリューチェーン※があります。バリューチェーン、つまり利益を上げるための価値を生み出す活動には主活動とその支援活動があります。これは価値連鎖（バリューチェーン）と呼ばれているものです。

　マイケル・ポーター氏は、原材料を製品にして販売する一連のバリューチェーンを図１－７のように整理しています。

※　バリューチェーンは、ハーバードビジネススクールのマイケル・ポーター教授の著書『競争優位の戦略（Competitive Advantage）』の中で用いられたものです。

◆図1－7　価値連鎖

購買物流	製造	出荷物流	マーケティング・販売	サービス	利益
全般管理（インフラストラクチャー）					
人事・労務管理					
技術管理					
購買活動					

（M.E. ポーター「競争優位の戦略」（ダイヤモンド社）より）

　この図では、主活動、つまり製品や商品・サービスの価値を供給するために直接必要となる活動には、購買物流、製造、出荷物流、マーケティング・販売、サービスの5つがあるとしています。支援活動を構成するのは、全般管理（インフラストラクチャー）、人事・労務管理、技術管理、購買活動などです。

　それぞれ、部門を設ける企業もありますが、多くの中小企業では、複数の活動を1つの部門で担っています。例えば、総務担当が人事、経理、総務、法務、情報をみているようなケースです。実際に、実務で使用する場合は、業種・業態によって適宜工夫して使用することが肝要でしょう。

【事　例】
　熊手蜂蜜㈱の場合、内部環境上の問題を表すと「仕入先や顧客に対応できる仕入ルートや生産・販売体制がない」ことです。

◆図１－８　熊手蜂蜜㈱のバリューチェーン上の問題箇所

　熊手蜂蜜㈱の場合、バリューチェーン上の問題箇所は図１－８の
ＡとＢです。ただ、図１－８のように両者の前後にもいくつか業務
があるので、全社的に対策をとらないと新商品の販売はできそうにあ
りません。

＜参考＞バリューチェーン分析のステップ
　　ステップ１. 自社のバリューチェーンの整理
　　ステップ２. 各活動にかかるコストの算出
　　ステップ３. 各活動の強みと弱みの分析
　　ステップ４. 競争優位の源泉を考える
　　　（例：経済価値、希少性、模倣可能性、組織の視点）

【演　習】

　まず、あなたの企業（支援先）の業務を洗い出しましょう。次に問題のある業務がどれか考え、それぞれ重要性をA〜E、緊急性を①〜⑤で示し、問題箇所を特定しましょう。

価値（商品・サービス）の流れ	➡	➡	➡	➡
共通業務				

<参考>

　競争関係をみるツールとして、「3C分析」もあります。これは、顧客（Customer）、競合（Competitor）、自社（Company）の3つから自社の周辺を診るものです。マッキンゼー・アンド・カンパニー日本支社長だった大前研一氏が考案しました。販売店などのチャンネル（Channel）を加えて、4C分析という場合もあります。

⑸ **経営環境の変化と補助金＆経営デザインシート** ──

> 　経営環境は常に変わります。補助金は社会の写し鏡です。現在の経営環境の問題を改善して中期的に導きたい社会に誘導するためのインセンティブともいえます。その際に、中小企業経営者は、環境変化を見通した将来までの経営の道筋を示しておくことが重要です。そのツールとして経営デザインシートがあります。さらに、補助金は、デザインした経営の実現をサポートするツールの1つです。

　⑴～⑷で説明してきたとおり、中小企業を取り巻く環境は、外部環境（マクロ環境とミクロ環境）と内部環境で構成されています。このうち、補助金はマクロ環境の政治的要因に位置づけられる環境要因の1つです。

　補助金は社会の写し鏡です。政治的要因に加え社会的要因や経済的要因、技術的要因によって生み出されます。例えば、新型コロナ感染症をマクロの視点でとらえた場合、図1－9のようになります。

◆図1－9　時間軸でみた補助金

現　在	補助金	将　来
社会、経済、技術 政治上の問題	⟶	政策上の目標
［社会］新型コロナ ⇒［技術］治療薬なし ⇒［社会］患者増加 ⇒［経済］麻痺 ⇒［社会］混乱	［政治］コロナ対策 ・治療薬開発の補助金 ・ワクチン無料接種 ・各種支援金・補助金 ・各種給付金	希望ある With コロナ、 After コロナ の社会の実現

　私たちの世界に新型コロナ感染症という未知の病気が発生しました。当初、私たちはそれに抗うすべをまったく持っていませんでした。社会では新型コロナ感染症が蔓延し、多くの重症患者や死者が出て、経済は麻痺しました。これにより社会が大混乱に陥ったことは、周知のとおりです。

　このような中で政治が動き、新型コロナ感染症対策の公的施策が講じられるようになったのです。補助金は、行政が現在の経営環境の問題を改善して中期的に導きたい社会に誘導するためのインセンティブともいえます。

　このため、補助金をうまく活用するためには、社会や経済、技術、それに政治の動向などを押さえておくことが重要になるのです。補助金を有効活用されている中小企業経営者の場合、自らそれらの情報を得ることもありますが、自社に適した良質の情報源を外部に持っていることが少なくありません。一般的には、公的機関や金融機関、経営革新等支援機関※、中小企業診断士等が経済産業省系の補助金の情報を持っています。

【参考】経営革新等支援機関

　中小企業等経営強化法（P.181 の【参考】）に基づき、中小企業に対して専門性の高い支援を行う専門家等の認定制度。中小企業診断士をはじめとする中小企業支援者のうち、補助金等の中小企業施策の活用支援を行う個人や所属組織が認定を受けている。

【事　例】

　熊手蜂蜜㈱を取りまく経営環境を「ウクライナ侵攻」の部分に限定した環境分析、およびそこから導き出される対策の方向性は図1－10のとおりです。

◆図1−10 熊手蜂蜜㈱の「ウクライナ侵攻」関連の環境分析に基づく対策の
　　　　方向性

		強　み	弱　み
		① ウクライナ農家との絆 ② 農産物の加工技術 ③ 市場ニーズの収集力	❶ 調達物流機能の脆弱性 ❷ 小口生産技術の不足
機会	⑦ ウクライナ商品ニーズ ④ 流通技術の高度化 ⑦ 生産技術の高度化	**機会と強み活用** 対策1 ⑦＋①＋② ＋③（対策2〜3活用含む）	**機会で弱み克服** 対策2 ④＋❶ 対策3 ⑦＋❷
脅威	A 流通網の断絶 B 他のウクライナ産農産物との競争	**脅威を強みで回避** 対策4 A＋① ＋対策2 対策5 B＋③	**脅威と弱み** （撤退検討）

対策1 ⑦＋①＋②＋③ 　ウクライナ農家と連携した新商品開発
対策2 ④＋❶ 　先端流通技術を活用した農産物の流通過程での品質劣化策の確立
対策3 ⑦＋❷ 　先端技術を活用した小口商品生産体制の確立
対策4 A＋① 　ウクライナ農家と連携した調達の最適化
対策5 B＋③ 　市場ニーズを見極めた早期商品販売

　上記は、イメージがつきやすいように「ウクライナ紛争」関連に限
定した経営環境分析ですので、実際の経営環境分析よりかなり範囲の

狭いものです。それでも、大丈夫かなと思う点が出てきます。それは、「ウクライナ紛争」という先の見えない現象をベースに商品開発を行うべきかどうか、また、商品開発を行うとしても、その原資はどこから賄うのかということです。

　この点は中小企業経営者やその支援者が悩むところではないでしょうか。そこを解決できるのが、経営デザインシートと補助金です。経営デザインシートは、将来のありたい姿やそこまでの経営の道筋を簡単に取りまとめられます。また、そこで描いた経営を実行する際の原資の一部として補助金が考えられるのです。

【演 習】

　これまでにまとめた演習結果を整理して、課題解決の対策の方向性（仮設）を考えてみましょう。なお、演習では、機会、脅威、強み、弱みは論点を絞るため、それぞれ３つ以内に留めることとします。

		強　み	弱　み
		①	❶
		②	❷
		③	❸
機会	㋐	機会と強み活用 ・対策：	機会で弱み克服 ・対策
	㋑	・対策：	・対策
	㋒	・対策：	・対策
脅威	A	脅威を強みで回避 ・対策	脅威と弱み ・対策
	B	・対策	・対策
	C	・対策	・対策

上記対策の抽出

対策１：
対策２：
対策３：
対策４：
対策５：

2 経営をデザインする意義

　本節では、「経営をデザインする意義」について、環境変化の有無に関わらない意義について記載します。

　一言で言うと、最初に記載した、

(1)　私たちは人生をデザインしている

ということです。あなたも思い当たることがあるのではないでしょうか。私たちは多かれ少なかれ、意識的・無意識的に人生をデザインしながら生きているのです。その思考には、5 つの思考があります。これに関して事例を交えて解説しているのが以下です。

(2)　目標達成のための 5 つの思考

　思考にはいくつもの方法があります。ここでは 5 つの思考のタイプを以下に記載して比較しました。

(3)　企業経営を思考する人と思考の傾向

　最後に以下を挙げています。

(4)　簡単かつ効果的に経営をデザインする方法

(1) 私たちは人生をデザインしている

> 　経営デザインは、聞き慣れない言葉だと思います。しかし、私たちは若いころから、多かれ少なかれ自分の人生をデザインしているのです。経営でもデザインが必要になります。

　経営のデザインというと、聞きなれない言葉だと感じる方が多いか

もしれません。しかし、わかりやすいように人生に例えてみると、しっくりくるはずです。私たちは、人生の多くの局面で自分の人生をデザインしてきました。

　ここでは、人生をデザインしている場面を想定してみましょう。多くの方は、高校時代、多感だったと思います。将来のことを考えたり、ただなんとなく生活していたりと、様々だったことでしょう。

　意識しているかどうかは別として、私たちは結果的に自分の人生をデザインしています。

◆図１－11　高校時代の思考（人生をデザインしている場面）

		高校時代	大学入試	就職試験	社会生活
1	いい大学に入りたい	←	○		
2	いい企業に就職したい	←		○	
3	こういう社会貢献がしたい	←			○
4	ただ、幸せになりたい				○
5	1日1日を大切に生きたい	○			→
6	なんとなく生活している	○			

　図１－11は高校時代の思考を、思考の起点と思考の方向性で整理したものです。○は思考の起点、→は思考の方向を示しています。

　ここでは、「いい大学に入りたい」、「いい企業に就職したい」、「いい仕事をしたい」、「1日1日を大切に生きたい」、「なんとなく生活している」のパターンに分けてみました。思考の起点は様々です。一

方、思考の方向は大きくは2パターンあります。「左右いずれかでとどまる」か、「左右いずれかから反対側に動く」かです。

　ここは意見の分かれるところかもしれませんが、私は、将来、幸せになれる可能性が高いのは、「左右いずれかから反対側に動く」思考だと考えています。それは、思考の方向を明らかにしないと行動が伴わない場合が少なくないためです。4の「ただ、幸せになりたい」では、将来の夢だけみて脳が満足してしまいかねません。当然、行動を起こさなくなります。6の「なんとなく生活している」では、目先の欲求を満たす行動を優先しがちになるため、将来の自分のためにはなるが顕在化できていなかったり、顕在化できていても苦労を伴ったりする行動は起こしません。結局、4と6のパターンは将来の自分の幸せを外部環境（運）に委ねることになってしまいます。

　一方、「左右いずれかから反対側に動く」思考の場合、将来の自分の幸せを自らの力で勝ち取れる可能性が出てきます。自助努力できる可能性があるためです。当然、行動が伴う必要があります。

　私は、思考の起点が左右いずれかで優劣が決まるとは思っていません。実際に世の中の成功者でも、今を精一杯生きて大成した人（思考の起点が左の人）、夢を実現するために頑張って生きて大成した人（思考の起点が右の人）いずれもいます。

　ただ私が感じるのは、ぼんやりとでも、将来のありたい自分があったり、未来に希望を持つために、ありたい自分を持ちたいと思ったりするのであれば、思考の起点は右に置いた方が良いのではないだろうかということです。思考の起点が右ということは、将来のありたい自分を持った上で思考すると言い換えることもできます。いわゆる夢や目標です。

　次に「思考の起点を右に置く」で、どの程度右に置くかということが問題となります。大成された方の中には「無駄だと思われるようなことをいろいろしたけど、最終的に無駄なことはなかった」と言われ

る方が少なくありません。このため、1「いい大学に入りたい」、2「いい企業に就職したい」、3「こういう社会貢献がしたい」のいずれを思考の起点にしてもいいかもしれません。

一方で、1や2の場合、回り道をする可能性があるため、ありたい自分が見つからなかったり、なれなかったり……。ありたい自分になるために非常に回り道をしてしまう危険性があったりするのも事実です。

1「いい大学に入りたい」と思っていい大学に入ったものの、その後、目標がなくなり4「ただ、幸せになりたい」や6「なんとなく生活している」といった残念な人になってしまう場合も出てきます。

2「いい企業に就職したい」という場合も、いざ人気企業に入ったものの、やりたい仕事は違ったという残念な結果に陥りかねません。

3の場合は、大学や会社に入ったからといって目標を達成したわけではないので、1や2のようなことは少ないのではないでしょうか。

そういう意味では、本当にありたい将来をデザインすることはとても大切だといえます。これは経営でも同じです。この将来をデザインするためのツールが「経営デザインシート」なのです。

(2) 目標達成のための5つの思考

思考の起点である目標を達成するための思考は、思考の軸とそこから発生する現状、目標、問題、課題、対策です。

思考の起点である目標を達成するためには、5つのことを考えることになります。まずは思考の軸、言い換えると良し悪しを判断するベースについて考えることが必要です。それに対して、現状、目標、問題、課題、対策を考えることになります。これをまとめたものが図1－12です。

◆図1－12 問題解決の4つの思考

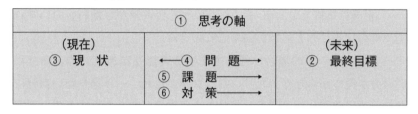

① 思考の軸		
（現在） ③ 現 状	←──④ 問 題──→ ⑤ 課 題──────→ ⑥ 対 策──────→	（未来） ② 最終目標

(1)で挙げた事例に沿って、1つ事例を示してみます。図1－13は、「大学入試」が当面の目標になる2ケースです。

◆図1－13 問題解決の2つの思考事例

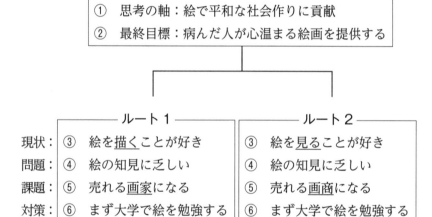

① 思考の軸：絵で平和な社会作りに貢献
② 最終目標：病んだ人が心温まる絵画を提供する

―――――― ルート1 ――――――
現状： ③ 絵を描くことが好き
問題： ④ 絵の知見に乏しい
課題： ⑤ 売れる画家になる
対策： ⑥ まず大学で絵を勉強する

―――――― ルート2 ――――――
③ 絵を見ることが好き
④ 絵の知見に乏しい
⑤ 売れる画商になる
⑥ まず大学で絵を勉強する

　ルート1とルート2では、①思考の軸、②最終目標、⑥対策は同じですが、③現状と⑤課題が違います。

　ルート1、ルート2を考えている人は、ともに⑥対策が「まず大学で絵を勉強する」なので、当面の目標は大学に入ることです。しかし、あくまでも当面の目標にすぎないので、⑤課題でルート1を選択した人は、「売れる画家になる」勉強ができる大学に入らなくては

なりません。「売れる」とあるので、売れるためのノウハウも学習する必要があります。ルート2を選択した人は「売れる画商になる」勉強が必要です。このため、そもそも画商とはどんな仕事なのかを学べる大学でなければなりません。大学で学べないのであれば、無理に大学に進学などせずに、専門学校に通ったり、著名な画商の下で働いた方が良いでしょう。

　いずれにしても、最終目標が明らかであれば、大学や会社に入ってそのあと何がしたいかわからなくなることはありません。そういう意味では、最終目標に到達するために必要なステップを終えるまでの将来をデザインして、いま何をしなければならないのかを考えた方が効率的であり、かつモチベーションが維持しやすいといえるでしょう。これは経営の世界でも同じです。

　経営デザインシートは思考の軸を将来に置きます。最終目的から逆引きで、いまやこれからを考えることができるので、効率的かつ効果的なデザインが可能になるのです。

(3) 企業経営を思考する人と思考の傾向 ────────

> 　企業経営（社内の問題解決）を思考する人は、その立場によって4タイプに分かれます。タイプごとに思考の軸や目標にとらわれのあることが一般的です。

　あなたがいま本書を読まれているということは、中小企業経営を考える立場である可能性が高いと思われます。

　ここでは、中小企業経営（社内の問題解決）を思考する人を、その立場から4タイプに分けてみましょう。図1－14がそれです。

◆図1-14　社内の問題解決策を思考する人

	社内人材	社外人材
経営全般	【タイプ1】 経営者 経営企画員等	【タイプ3】 中小企業診断士 経営コンサルタント 経営相談員等
経営機能	【タイプ2】 従業員	【タイプ4】 他の士業（社労士、税理士ほか） 業者（設備、IT等）

　タイプ1は、社長をはじめとする役員やその補佐をする経営企画の人等が該当します。社内で経営計画や経営戦略をとりまとめる人です。立場上経営全般をみているため、思考が大局的になる傾向があります。一方で社内から現状を俯瞰しているだけに、思考が社内の現状にとらわれやすいのが一般的です。

　タイプ2は、主に従業員が該当します。社内の現場で直接作業を行っている人や間接業務についている人です。立場上経営機能の一部、つまり営業、人事、経理などを担っているため、専門的な知見を持つ一方で思考が局部的になる傾向にあります。さらに、タイプ1以上に社内の現場の実情を理解しているだけに思考が社内の現状にとらわれやすいのが一般的です。

　タイプ3は、中小企業診断士やそれ以外の経営コンサルタント、（公的な）経営相談員等です。中立的な第三者として大局的な思考をとれます。ただし、社外の人材であるため、社内の情報を適切に開示しないと適切な支援を受けられない場合が少なくありません。また、問題解決を行う商品やサービスを扱っている組織（情報ベンダーや設備メーカー等）関連の専門家の場合、自身に有利な解決策に誘導される懸念があります。

　一方、公的な経営相談員の場合、上記のような状況に陥る危険性が

少ない一方で、行政サービスのため個別企業の営利活動に深く入り込めず、思考が浅くなる危険性があります。

　タイプ4は、中小企業診断士を除く士業や業者の方です。社会保険労務士であれば人事や総務、税理士であれば経理などに対して社外の中立的な第三者としての思考が可能になります。一方で一部の機能に特化しているため、思考が局部的（専門的）になりかねません。

　それぞれの立場により、思考の起点が変わってきます。ありがちなのは図1－15のようなものです。いずれのタイプも一長一短あります。一番良いのは、とらわれなく客観的かつ大局的な思考ができることです。経営デザインシートはそれを可能にします。

◆図1－15　立場による思考の起点

	起　点
中小企業経営者	現　在
従業員	現　在
中小企業診断士（※1）	現　在
経営コンサルタント（※2）	将　来
外部専門家	将　来

※1　中小企業診断士は経営診断（現在）をベースに考えるのが得意

※2　経営コンサルタント（中小企業診断士以外）は、顧客の要望（課題解決後の姿）をベースに仮説検証するのが得意

⑷ 簡単かつ効果的に経営をデザインする方法 ─────

> 思考のしがらみを絶ち、ありたい姿を簡単かつ効率的に実現するためには、ありたい姿を明確にした上で経営を考えることが一番です。その時、経営デザインシートが使えます。

　人には、立場や役割による思考のとらわれがあります。このような中で経営を考えても、ありたい姿にはなれません。ところで、そもそも、皆さんのありたい姿とはどんな姿でしょうか。自己認識されていますか。まずは、ありたい姿を明確にしていないと、その良し悪しは判断できません。

　そこで、ありたい姿を簡単かつ効率的に実現するためには、ありたい姿を明確にした上で経営を考えることが一番です。具体的には図1－16のような流れになります。

◆図1－16　簡単かつ効果的な経営をデザインする方法（項目・手順）

```
思考の軸を    理想像を    現状（問題・   解決策を
考える       考える     課題）を整理    考える
                       する
```

　上記の流れで思考するツールが経営デザインシートです。

3 経営デザインシートとその他行政発の経営ツール

　皆さんは、行政発の経営ツールをうまく活用できていますか。中には、「いろいろあってよくわかりません」とお嘆きの方もいらっしゃるのではないでしょうか。本節では「経営のデザイン」に役立つ「経営デザインシート」が行政発の経営ツールの中でどのような位置づけになっているのか、利用者側からみた整理を行っています。対象は、経済産業省から公開されている経営ツール（企業経営を整理するためのフレームワーク）です。具体的には以下を扱っています。

⑴　行政発の主な経営ツール

　経営デザインシートは行政発の経営ツールの中でも特徴的なポジショニングをとっています。一言で言うと、他の経営ツールのベースになる思考をまとめているといったところでしょうか。以下⑵〜⑹は経営デザインシート以外の主な行政発の経営ツールです。

⑵　ローカルベンチマーク

⑶　経営レポート・知的資産経営報告書

⑷　ダイバーシティー経営診断ツール

⑸　サイバーセキュリティ経営可視化ツール

⑹　知財ビジネス評価書・知財ビジネス提案書

(1) 行政発の主な経営ツール ——————————

> 経営ツールには、本書で取り扱っている経営デザインシート以外にも多数のものがあります。補助金を活用する場合、採点者に伝えやすいように行政系の経営ツールを使うのが効果的です。経営デザインシートとその他行政発の経営ツールをみた場合、経営デザインシートは経営を俯瞰したものとし、その他のツールを個々の用途に応じて使用するのが好ましいと思われます。それは、経営デザインシートでは、経営を長期的かつ大局的にとらえられるとともに、思考の起点が未来になっているためです。

　経営ツールは、多数あります。このうち、補助金活用での利用をお勧めしたいのは、行政発の経営ツールです。これは、何も補助金を申請するのだから行政に気に入られるために使用した方がいいというのではありません。審査員が審査を行う際、あるいは採択後、補助事業の進捗や実績報告並びに補助事業完了後（補助金をいただいた後）の年単位の事後報告等を、理解してもらいやすいようにするためです。つまり、補助金の関係者が理解しやすい言語が「行政が作成したツール」になります。

　経営デザインシートとその他行政発の経営ツールは、別々の目的のために作成されていて、相互の関係性を調整して作成されているものではありません。このため、経営デザインシートとその他の行政発の経営ツールの関係性を明確に示すことは困難です。ただし、現場感覚からすると、経営デザインシートは経営を俯瞰したものとし、その他のツールを個々の用途に応じて使用するのが好ましいと感じています。それは、経営デザインシートでは、経営を長期的かつ大局的にとらえられるとともに、思考の起点が未来になっているためです。

　図1−17は、主な行政発の経営ツールです。

◆図1－17　経営をデザインするためのツール

行政発の主な経営ツール
・経営デザインシート ・ローカルベンチマーク ・経営レポート・知的資産経営報告書 ・ダイバーシティ経営診断ツール ・サイバーセキュリティ経営可視化ツール ・知財ビジネス評価書・知財ビジネス提案書

　経営デザインシート以外の経営ツールは、経営デザインシートとは思考の起点が違います。経営デザインシートでは起点を将来に置きますが、その他のものは、最初に現在をベースに物事を考えます。経営デザインシートは、経営をマクロ的な視点でとらえるため、ある面、その他の経営ツールのとりまとめ的な位置づけになります。

　行政から示されているわけではありませんが、それぞれの関係は図1－18のようになるといえるでしょう。

　次節では、「行政発の主な経営ツール」について解説します。

◆図1－18　経営デザインシートとその他のツールの位置づけ

(2) **ローカルベンチマーク** ─────────────

> 　ローカルベンチマークは、経済産業省が推奨している企業の状態を診断するツールです。財務と商流・業務、非財務の3枚のシートから構成されています。
>
> 　ローカルベンチマークは、現状分析を行うのに適当な経営ツールです。経営デザインシートの左側を検証する際に用いることができます。

　ローカルベンチマークは、経済産業省の以下のホームページで次のように説明されています。

〈経済産業省ホームページ「ローカルベンチマーク（通称：ロカベン）」〉

https://www.meti.go.jp/policy/economy/keiei_innovation/
sangyokinyu/locaben/

　「ローカルベンチマーク（略称：ロカベン）とは、企業の経営状態の把握、いわゆる「企業の健康診断」を行うツールです。企業の経営者と金融機関・支援機関等がコミュニケーション（対話）を行いながら、ローカルベンチマーク・シートなどを使用し、企業経営の現状や課題を相互に理解することで、個別企業の経営改善や地域活性化を目指します。」

　図1-19～21のとおり「財務分析」、「商流・業務フロー」、「4つの視点」の3枚組のシートがあります。

　この3枚のシートは、上記経済産業省のホームページ上で作成することが可能です。なお、本書で扱っている事業再構築補助金やものづくり補助金で提出する事業財務情報は、ロカベンのレーダーチャート（図1-19）の6指標を参考にしています。

◆図1-19 ローカルベンチマーク（財務分析）

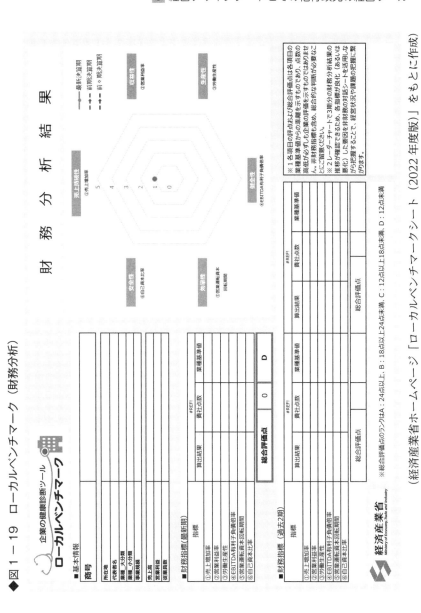

（経済産業省ホームページ「ローカルベンチマークシート（2022年度版）」をもとに作成）

◆図1－20 ローカルベンチマーク（商流・業務フロー）

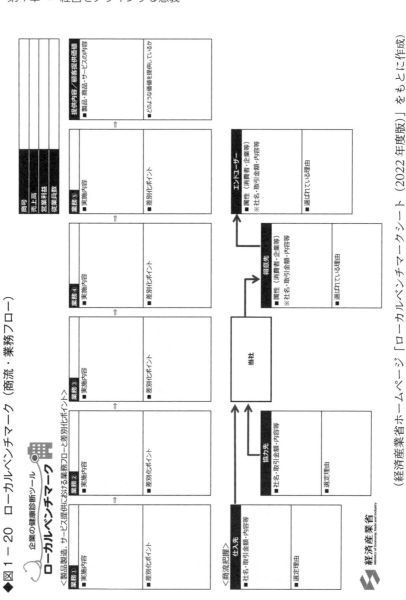

（経済産業省ホームページ「ローカルベンチマークシート（2022年度版）」をもとに作成）

◆図1−21 ローカルベンチマーク（4つの視点）

企業の健康診断ツール
ローカルベンチマーク

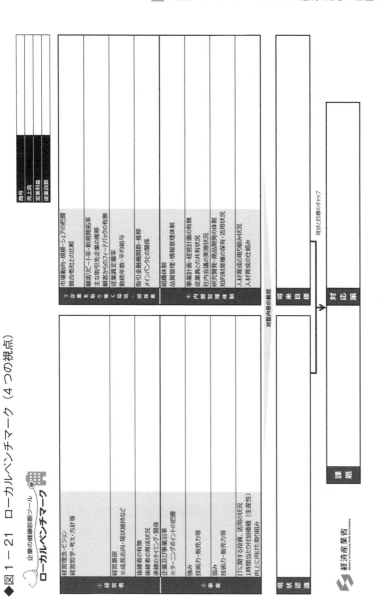

	商号
	売上高
	営業利益
	従業員数

① 経営者

経営理念・ビジョン
経営哲学・考え・方針等

経営意欲
※成長志向・現状維持など

後継者の有無
後継者の育成状況
承継のタイミング・関係
企業及び事業沿革
※ターニングポイントの把握

② 事業

強み
技術力・販売力等

弱み
技術力・販売力等

ITに関する投資、活用の状況
1時間当たり付加価値（生産性）
向上に向けた取り組み

③ 企業を取り巻く環境・関係者（ステークホルダー）

市場動向・規模・シェアの把握
競合他社との比較
顧客リピート率・新規開拓率
主な取引先企業の推移
顧客からのフィードバックの有無
従業員定着率
勤続年数・平均給与
取引金融機関数・推移
メインバンクとの関係
組織体制
品質管理・情報管理体制

④ 内部管理体制

事業計画・経営計画の有無
従業員との共有状況
社内会議の実施状況
研究開発・商品開発の体制
知的財産権の保有・活用状況
人材育成の取り組み状況
人材育成の仕組み

対話内容の総括

現状認識

将来目標

現状と目標のギャップ

対応策

課題

経済産業省
Ministry of Economy, Trade and Industry

（経済産業省ホームページ「ローカルベンチマークシート（2022年度版）」をもとに作成）

財務分析のシートでは、6つの財務指標※を算出します。

補助金活用の観点からいうと、ものづくり補助金などは、財務分析結果の添付を必須としているので、とても重要なシート（経営ツール）といえるでしょう。

①売上増加率から売上持続性、②営業利益率から収益性、③労働生産性から生産性、④EBITDA有利子負債倍率から健全性、⑤営業資本運転回転率から効率性、⑥自己資本比率から安全性、を分析説明しています。

※　6つの財務指標

① 売上増加率＝（売上高／前年度売上高）－1

② 営業利益率＝営業利益／売上高

③ 労働生産性＝営業利益／従業員数
   注：補助金の生産性は、営業利益に減価償却費や人件費を加えることが多い。

④ EBITDA有利子負債倍率＝（借入金－現預金）／（営業利益＋減価償却費）
   注：借入金の返済能力がわかる。

⑤ 営業運転資本回転期間＝（売上債権＋棚卸資産－買入債務）／月商

⑥ 自己資本比率＝純資産／総資産

商流・業務フローのシートでは、商流の部分は商流の関係者と選定理由を整理します。環境分析のミクロ環境分析にあたる部分です。業務フローの部分は、商品・サービスを提供する業務順に業務内容や差別化のポイントを整理します。競争優位の源泉の見える化です。

4つの視点のシートでは、①中小企業経営者と②事業、③企業を取り巻く環境・関係者、④内部管理体制を整理します。これらの総括として導きだすのが現状認識と将来目標です。そして、両者のギャップをもとに課題と対応策を整理します。

このように、ローカルベンチマークは思考の起点を現在に置いて、将来を考えます。経営デザインシートとは思考の起点が逆です。

(3) 経営レポート・知的資産経営報告書 ―――――――――

> 知的資産経営報告書とは、経済産業省が推奨している企業の利害関係者に企業の財務情報に加え非財務情報を伝えるためのツールです。その簡易版が経営レポートにあたります。
>
> 知的資産経営報告書と経営デザインシートは思考の起点が逆です。内容的には、知的資産経営報告書の方が多くなります。このため、経営デザインシートを作成したあと、経営デザインシートを検証するために使用してみるのも一案です。

知的資産経営報告書とは、経済産業省が推奨している、企業の利害関係者に企業の財務情報に加え非財務情報を伝えるための経営ツールです。

経済産業省の「知的資産経営ポータル」の下記ホームページには、次のような記載があります。
〈経済産業省ホームページ「知的資産経営ポータル」〉
https://www.meti.go.jp/policy/intellectual_assets/index.html
「「知的資産」とは、人材、技術、組織力、顧客とのネットワーク、ブランド等の目に見えない資産のことで、企業の競争力の源泉となるものです。

これは、特許やノウハウなどの「知的財産」だけではなく、組織や人材、ネットワークなどの企業の強みとなる資産を総称する幅広い考え方であることに注意が必要です。

さらに、このような企業に固有の知的資産を認識し、有効に組み合わせて活用していくことを通じて収益につなげる経営を「知的資産経

営」と呼びます。」

知的資産は図1－22の範囲を指します。

◆図1－22　知的資産

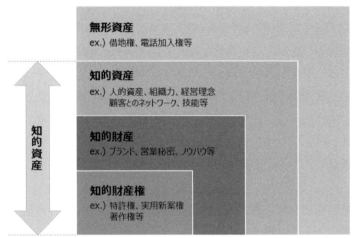

（経済産業省ホームページ「知的資産経営ポータル」より）

知的資産経営報告書には、定まったフォーマットがありません。各社各様のフォーマットにまとめますが、全般的に記載量が多い点が特徴です。大企業、特に上場企業などはしっかりとしたものを作成しています。

知的資産経営報告書は、作成に膨大な時間が必要です。多忙な中小企業で作成するのは容易ではありません。そこで、私が活用をお勧めしているのは、知的資産経営報告書の簡易版に相当する「経営レポート」です。フォーマットは図1－23になります。

経営レポートは、「企業概要」、「内部環境」、「外部環境」、「今後のビジョン」、「価値創造のストーリー」の5つのステップで作成します。

　ステップ1「企業概要」では、「キャッチフレーズ」や「経営理念」、「企業概要」、「沿革」、「受賞歴等」を整理します。

　ステップ2の「内部環境」で整理するのは、内部環境のうち、「業務の流れ」や内部環境の「強み」や「弱み」およびそれらの背景です。

　ステップ3「外部環境」では、外部環境を機会と脅威に分けて整理して、それぞれの取組みの優先順位づけを行います。

　ステップ4「今後のビジョン」で作成するのは、外部環境と知的資産を踏まえた「今後のビジョン」と「今後のビジョンを実現するための取組み」です。

　ステップ5「価値創造のストーリー」では、過去から現在と現在から将来の「価値創造のストーリー」をまとめます。記載項目は、それぞれ知的資産を構成する「人的資産」、「構造資産」、「関係資産」、「その他」です。

　「人的資産」とは、従業員個人が持つ知識や経験などの資産です。技能のように従業員が退職すると社内の資産として活用できなくなる特徴があります。「構造資産」とは、会社に帰属する資産のことです。企業風土のような目に見えないものから、マニュアルなど見える化されたものまであります。「関係資産」とは、企業と外部の関係性の資産のことです。資本関係や取引関係などが該当します。

　知的資産は、財務諸表などに数値として表れることはありませんが、企業が維持・成長するために欠かせない各企業固有の「強み」や「魅力」であり、企業収益の基盤といえます。最終的に現在、将来とも「KGI」を設定します。

　「KGI」とは、Key Goal Indicator（経営目標達成指標）のことです。経営上、特に重要な指標を表します。

◆図1－23　経営レポート

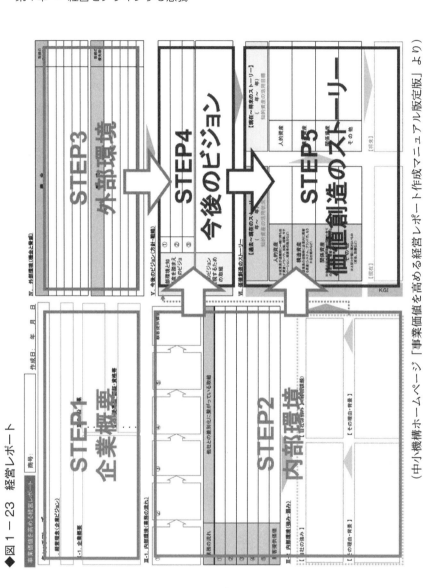

（中小機構ホームページ「事業価値を高める経営レポート作成マニュアル版定版」より）

(4) ダイバーシティ経営診断ツール ──────────

> 　ダイバーシティ経営診断ツールは、経済産業省が推奨している企業の人材マネジメントの現状と「ダイバーシティ経営」の実践に向けた取組みを見える化するためのツールです。
>
> 　ダイバーシティ経営を実践したい企業の場合、経営デザインシートをダイバーシティ経営の有効性を担保するためのツールとして用いると良いでしょう。

　ダイバーシティ経営診断ツールは、経済産業省が推奨している企業の人材マネジメントの現状と「ダイバーシティ経営」の実践に向けた取組みを見える化するためのツールです。

　経済産業省では、ダイバーシティ経営を「多様な人材を活かし、その能力が最大限発揮できる機会を提供することで、イノベーションを生み出し、価値創造につなげている経営」のことと定義しています。

　「多様な人材」とは、「性別、年齢、人種や国籍、障がいの有無、性的指向、宗教・信条、価値観などの多様性」だけではありません。「キャリアや経験、働き方などの多様性」も含みます。

　「能力」とは、「多様な人材それぞれの持つ潜在的な能力や特性など」のことです。

　「イノベーションを生み出し、価値創造につなげている経営」とは、「組織内の個々の人材がその特性をいかし、いきいきと働くことの出来る環境を整えることによって、「自由な発想」が生まれ、生産性を向上し、自社の競争力強化につながる、といった一連の流れを生み出しうる経営のこと」とされています。

　ダイバーシティ経営診断ツールは、経済産業省の下記ホームページから利用できるツールです。

〈経済産業省ホームページ「ダイバーシティ経営実践のための各種支援ツール」〉

https://www.meti.go.jp/policy/economy/jinzai/diversity/sienturu.html

　診断ツールのフォーマットは、図1－24のとおりです。

　ダイバーシティ経営を実現する（多様な人材が活躍し能力を発揮して組織にとっての成果（価値創造）を生み出す）ために、ダイバーシティ経営診断ツールでは、4つのステップを設けています。

　第1ステップは、経営理念・方針・戦略の明確化です。❶に記載します。

　第2ステップの記載項目は、「経営者の取組」と「人事管理制度の整備」、「現場管理職の取組」です。❷に記載します。

　第3ステップの記載項目は、「取組の振り返り・改善」です。ステップ2の内容を受けて❸に記載します。

　第4ステップに記載する項目は、「多様な人材が活躍できる組織風土」と「価値創造」です。❹に記載します。

　ダイバーシティ経営診断ツールも現在を思考の起点として、将来を思考するスタイルをとっているツールです。

　なお、ダイバーシティ経営の成果イメージは、図1－25のとおりです。

◆図1－24　ダイバーシティ経営診断シート（表面）

【改訂版】ダイバーシティ経営診断シート（表面）

作成：　　年　月　日　作成者：

【記入方法】
- 経営方針…AとBのうちいずれに近いかを、現在の状況、今後目指したいものについてそれぞれお選びください。
- 企業プロフィール…実際の数字をご記入ください。
- 経営者の取組～成果…「当てはまる」～「当てはまらない」のうち一つを選び、数字を○で囲んでください。次に、○で囲んだ点数の平均を、カテゴリーごとに算出し、「平均点数」欄にご記入ください。
  ※平均点数は他社等との比較でなく、貴社の中での強み・弱みを確認するためのものです。

❶

カテゴリー	設問			Aに近い	ややAに近い	ややBに近い	Bに近い
経営方針	A.高付加価値製品・サービスによる競争力強化	B.他社よりもコスト面で優位に立つ	現在				
			今後				
	A.新規事業の開拓を重視	B.既存の事業の継続・強化を重視	現在				
			今後				
	A.海外マーケットを重視	B.国内マーケットを重視	現在				
			今後				
	A.事業展開にあたってはスピードを重視	B.事業展開は慎重に行う	現在				
			今後				

カテゴリー	設問		数値（実数） 総数	正社員数
企業プロフィール	**社員数**			
	1	男性社員数（総数と、うち正社員数）		
	2	女性社員数（総数と、うち正社員数）		
	3	65歳以上の社員数（総数と、うち正社員数）		
	4	外国籍の社員数（総数と、うち正社員数）		
	5	障がいを持つ社員数（総数と、うち正社員数）		
	採用者数／離職者数			
	6	中途採用比率		
	7	直近1年間の新卒採用の有無（有：人数）		
	8	直近1年間の離職者の有無（有：人数）		
	勤務環境			
	9	多様な働き方をしている社員の割合（フレックスタイム制度、テレワーク、短時間勤務制度など）		
	10	ひと月あたりの労働者の平均残業時間		
	11	年次有給休暇の取得率		

❷

カテゴリー	設問		当てはまる	やや当てはまる	あまり当てはまらない	当てはまらない	平均点数
経営者の取組	**経営姿勢・経営理念**						
	1	多様な人材（属性*、キャリア・経験、働き方など）が活躍することを経営理念として位置づけている	4	3	2	1	
	2	多様な人材（属性*、キャリア・経験、働き方など）が活躍する組織を目指すことが、属性や働き方等に関わらず全ての社員に浸透している	4	3	2	1	
	3	経営者（経営幹部）と社員が信頼関係を構築できるよう、経営者は社員と向き合っている	4	3	2	1	
	4	経営者（経営幹部）は、多様な役割、階層、職能から提供された情報を考慮することがよりよい問題解決に繋がることを理解し実践している	4	3	2	1	
	経営戦略						
	5	今後のビジネス展開が明確になっている	4	3	2	1	
	6	経営方針を実現させていくにあたり、属性*や働き方等に関わらず全ての社員に説明し理解を得ている	4	3	2	1	
	人材戦略						
	7	経営方針を実現させていくうえで、必要な人材のイメージが明確になっている	4	3	2	1	

❸

実現に向けた具体的アクション	振り返り

＊ 属性：ここでは性別、国籍、中途採用、年齢、勤続年数等を指します。

ここで算出する平均点は、対象企業における各カテゴリーの強みや弱みを把握することや、過去と現在を比較し進捗度を見ることを目的としており、他社との相対比較をするものではありません。

（経済産業省ホームページ「改定版ダイバーシティ経営診断シートの手引き」2021年3月より）

◆図1−24 ダイバーシティ経営診断シート（裏面）

【改訂版】ダイバーシティ経営診断シート（裏面）

> ここで算出する平均点数は、対象企業における各カテゴリーの強みや弱みを把握することや、過去と現在を比較し進捗度を見ることを目的としており、他社との相対比較をするものではありません。

			該当している 4	やや当てはまる 3	あまり当てはまらない 2	当てはまらない 1	平均点数	実現に向けた具体的アクション③	振り返り
② 人事管理制度	多様な人材の活躍に資する人事管理制度の整備	1 企業側のマニュアル作成などを通じて、業務発揮できる体制を整えている	4	3	2	1			
		2 多様な人材（属性・キャリア・経験・働き方など）の採用を積極的に行っている	4	3	2	1			
		3 社員の今後の仕事やキャリアの希望などを踏まえ、能力開発に投資（例：時間・予算等）している	4	3	2	1			
		4 昇進・昇格の基準が明確になっている	4	3	2	1			
		5 社員の働き方の柔軟性（多様性）を高めるための制度が整備されている	4	3	2	1			
	多様な人材の活躍に資する職場管理 現場管理	1 部下に各自が担当する仕事の目標や位置づけを組織目標と結びつけ、わかりやすく説明している	4	3	2	1			
		2 部下の残業削減や再雇用等の勤務形態にかかわらず、その能力に合った仕事を割り振っている	4	3	2	1			
		3 部下のキャリアの希望を理解した上で、その実現に資する仕事を提供している	4	3	2	1			
		4 部下と業務の進捗状況を随時に把握している	4	3	2	1			
		5 短時間勤務等にとらわれない柔軟なワークライフバランスが実現できる職場づくりを行っている	4	3	2	1			
		6 部下の属性・レッテルにとらわれない公正な人事評価を行っている	4	3	2	1			
④ 組織風土	多様な人材の活躍を促す組織風土	1 社員の属性・や役職、働き方に案らず、休み方取りやすい環境になっている	4	3	2	1			
		2 社員は自分の意見を気兼ねなく発言できる環境である	4	3	2	1			
		3 異なる意見や価値観・考え方を尊重し合える環境である	4	3	2	1			
		4 業務内外で多様な人材を交える多様なコミュニケーションが図られている	4	3	2	1			
		5 管理職層は経営方針の意思疎通を図り、多様な人材のマネジメントを行っている	4	3	2	1			
経営上の成果 成果		1 個々の社員が活躍してきたことによって経営上の成果が出ている	4	3	2	1			
		2 この1-2年、必要な人材を採用できている	4	3	2	1			
		3 この1-2年、離職者（定年退職以外）は比較的少ない	4	3	2	1			

* 属性：ここでは性別、国籍、中途採用、年齢、勤務形態等を指します。

（経済産業省ホームページ「改定版ダイバーシティ経営診断シートの手引き」2021年3月より）

◆図1−25　ダイバーシティ経営の成果イメージ

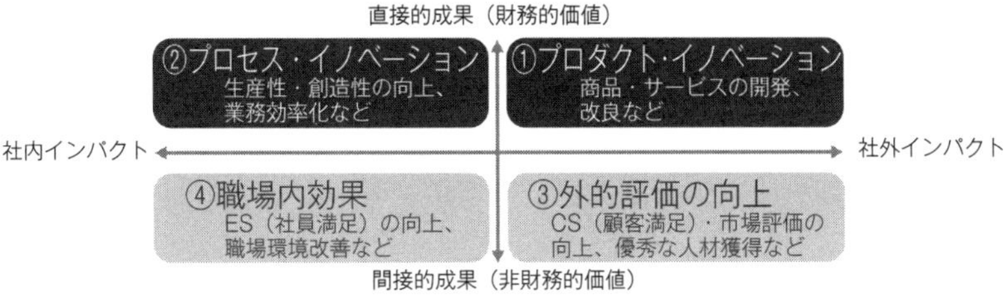

（経済産業省ホームページ「改定版ダイバーシティ経営診断シートの手引き」
2021年3月より）

　ダイバーシティー経営では、知的資産経営報告書で扱った知的資産
（非財務的価値）にも着目しています。

(5) サイバーセキュリティ経営可視化ツール ──────

> 　サイバーセキュリティ経営可視化ツールは、経済産業省とＩＰ
> Ａ（独立行政法人情報処理推進機構）の「サイバーセキュリティ
> 経営ガイドライン Ver2.0」をもとにＩＰＡが推奨しているサイ
> バーセキュリティの経営ツールです。
> 　サイバーセキュリティを強化する必要性の高い中小企業の場
> 合、経営デザインシートの作成と同時並行的にサイバーセキュリ
> ティ経営可視化ツールを作成して、経営デザインシート（資源）
> の中にサイバーセキュリティの要素を入れると良いでしょう。

　「サイバーセキュリティ経営可視化ツール」は、「サイバーセキュリ
ティの実践状況を企業自身がセルフチェックで可視化するための「サ
イバーセキュリティ経営ガイドライン Ver2.0」ベースの Web サー
ビスです。」
　独立行政法人情報処理推進機構のホームページから利用可能なツー
ルです。

〈経済産業省ホームページ「サイバーセキュリティ経営可視化ツール Web版」〉

https://www.meti.go.jp/press/2021/08/20210817002/20210817002.html

　評価は、**図１－26**のようにレーダーチャートで表されます。

　「サイバーセキュリティ経営可視化ツール」で評価している項目は以下のとおりです。いずれも、サイバーセキュリティ対策を実施する上での責任者となる担当幹部（CISO：最高情報セキュリティ責任者等）に対して、以下の重要10項目を指示すべき項目として評価しています。

　　指示１：サイバーセキュリティリスクの認識、組織全体での対応方針の策定

　　指示２：サイバーセキュリティリスク管理体制の構築

　　指示３：サイバーセキュリティ対策のための資源（予算、人材等）確保

　　指示４：サイバーセキュリティリスクの把握とリスク対応に関する計画の策定

　　指示５：サイバーセキュリティリスクに対応するための仕組みの構築

　　指示６：サイバーセキュリティ対策における PDCA サイクルの実施

　　指示７：インシデント（事故）発生時の緊急対応体制整備

　　指示８：インシデントによる被害に備えた復旧体制の整備

　　指示９：ビジネスパートナーや委託先等を含めたサプライチェーン全体の対策及び状況把握

　　指示10：情報共有活動への参加を通じた攻撃情報の入手とその有効活用及び提供

　「サイバーセキュリティ経営可視化ツール」では、「自社のサイバーセキュリティ対策状況を定量的に把握することで、サイバーセキュリ

◆図1-26　サイバーセキュリティー経営可視化ツールによる評価結果

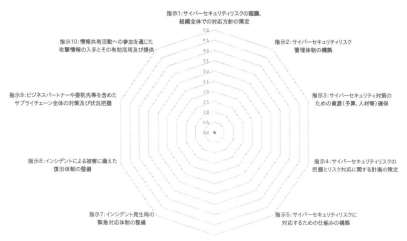

サイバーセキュリティ経営可視化ツールによる評価結果

（（独）情報処理推進機構「サイバーセキュリティー経営可視化ツールExcel版」より）

ティに関する方針の策定、適切なセキュリティ投資計画の策定等が可能となります。」との説明がされています。

　サイバーセキュリティ経営可視化ツールも、現在を思考の起点として将来を思考するスタイルをとっているツールです。

⑹ 知財ビジネス評価書・知財ビジネス提案書 ──────

　「知財ビジネス評価書」は、特許権等の知的財産権やノウハウ等の知的財産を活用している企業が推進する事業を知財の切り口から評価するためのツールです。知財ビジネス提案書は、評価書をもとに金融機関が中小企業に提案するために考案されました。経済産業省（特許庁）が金融機関に使用を推奨しています。
　「知財ビジネス提案書」は金融機関向けに雛型があります。

　いずれも現在を思考の起点としています。経営デザインシートの作成の中では、左側や右側を考える際の補助ツールとして利用するのも一考です。

（特許庁ホームページ「知財ビジネス評価書・知財ビジネス提案書概要」）
https://chizai-kinyu.go.jp/docs/

　先に挙げた「知的資産経営報告書」で扱っている知的資産のうち、知的財産に着目した書類です。「知財ビジネス評価書」と「知財ビジネス提案書」があります。
　特許庁が開発した「地域金融機関が、知財を切り口として、中小企業の事業実態や将来の成長可能性等についての理解を深め、営業、融資、本業支援等を行うことを支援するためのツール」です。
　「地域金融機関は事業性評価のために、市場環境や商流、当該企業の経営資源等、定性情報の把握に努めているところである。しかしながら、地域金融機関にとって経営資源の中で重要な部分を占める技術や知財について十分な理解をすることは容易ではない。結果として、地域金融機関が比較的容易に把握できる市場環境や商流に目が行ってしまうことも少なくないが、これらの要因は、短期での変動性が高いという特性があり、また限定された一般的でないマーケットを狙うことが多い中小企業の経営にとっては、マーケットのマクロ動向も、事業への影響は限定的であることもよく見受けられるところである（グローバルニッチトップを狙う場合を除く）。」との考え方に基づきます。
　「知財ビジネス評価書」記載内容例は、図 1 － 27 のとおりです。金融機関が作成しやすいように雛型があります。
　また、「知財ビジネス提案書」記載内容例は、図 1 － 28 のとおりです。「知財ビジネス評価書」の要素も含んでいます。

◆図 1 - 27　知財ビジネス評価書の記載内容例

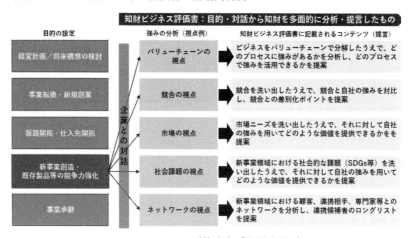

（特許庁「知財金融ポータルサイト」より）

図 1 - 28　知財ビジネス提案書の記載内容例

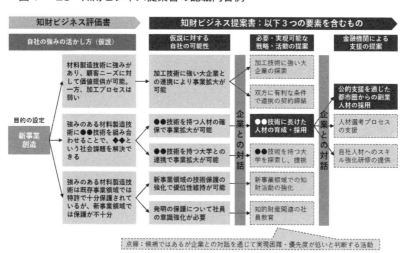

（特許庁「知財金融ポータルサイト」より）

経営デザインシートの補助ツール

> 経営ツールには、**第1章の3**に記載した「行政発の主な経営ツール」以外にも様々なものがあります。その中で、経営デザインシートの補助ツールとして利用できるものを4つご紹介します。

　本節では、「経営デザインシート」を作成する際に役立つ「経営デザインシートの補助ツール」について説明しています。本書で取り扱っている補助ツールは、筆者が経営デザインシートを作成する際に使用する頻度が比較的高い経営ツールです。経営ツールは、使用目的によって向き不向きのケースがあったり、利用者によって相性が良かったり悪かったりする場合があるので、あくまでも経営デザインシートを作成する際の1つのケースとしてみてください。以下(1)〜(4)を記載しました。

(1)　ＳＴＰ

(2)　ビジネスモデルキャンバス

(3)　ＳＷＯＴ分析

(4)　バランス・スコアカード

　なお、(1)〜(4)の経営ツールを経営デザインシートの作成で補助金ツールとして使用する場所をまとめたのが図1－29です。

◆図1−29 経営ツールを経営デザインシートの作成で補助ツールとして使う場所

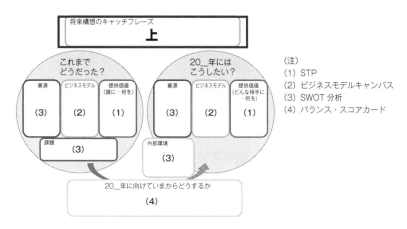

(注)
(1) STP
(2) ビジネスモデルキャンバス
(3) SWOT分析
(4) バランス・スコアカード

(1) STP

STPとは、セグメンテーション、ターゲティング、ポジショニングの3つの英単語の頭文字をとって名付けられた経営ツールです。フィリップ・コトラーが提唱しました。図1−30のとおり自社が属する市場を細分化し、その中で自社がどこをターゲットにするのかを決め、ターゲットにした領域の中で、自社が競争優位に立てる特徴を決める経営ツールです。

◆図1−30 STP

セグメンテーション		ターゲッティング		ポジショニング	
A	B	A	B	当社	競合3
C	D	C	D	競合1 競合2	競合4

STPは、Segmentation（セグメンテーション）とTargeting（ターゲティング）、Positioning（ポジショニング）を合わせた造語

です。セグメンテーションは、自社の市場の細分化です。多くは2軸でA〜Dに整理します。ターゲティングは、A〜Dのうち自社が標的とする市場Bを選択するステップです。最終的にポジショニングの段階で市場Bの中での自社の立ち位置の明確化を図ります。

【経営デザインシートへの活用】

経営デザインシートでは、誰にどんな価値を提供するのかを明らかにします。STPはこの際、市場を見据えて、自社のターゲットをどこにするのかを考える際に利用可能な経営ツールです。

熊手蜂蜜㈱（ウクライナ紛争部分）の場合、新商品開発時に利用しています。

⑵ ビジネスモデルキャンバス

> ビジネスモデルキャンバスは、ビジネスの構造を考えるためのツールです。「ビジネスモデル・ジェネレーション ビジネスモデル設計書」（アレックス・オスターワルダー、イヴ・ピニュール著）で紹介されました。特徴は、ビジネスモデルに必要となる要素を図1−31のように9つのマスにまとめるところです。

◆図1−31　ビジネスモデルキャンバス

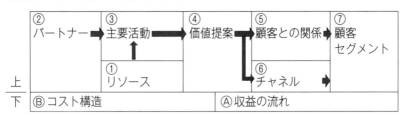

ビジネスモデルキャンバスは、大きくは価値連鎖（バリューチェーン）や供給連鎖（サプライチェーン）を表す①〜⑦の上側とⒶ収入とⒷ支出を示す下側に分かれます。

　経営デザインシートの補助ツールとして将来のありたいビジネスモデルを検討する場合は、上側を商品・サービスの流れの逆となる⑦顧客セグメント→④提供価値→⑤顧客との関係&⑥チャネル→③主要活動（設計・調達・生産・販売等）→①（自社の）リソース&②パートナーの順で思考するのが良いでしょう。

【経営デザインシートへの活用】

　経営デザインシートの作成では、図1－29の右と左にあるビジネスモデルの枠中を考えるのに使えます。ここを考える際にビジネスモデルキャンバスを利用する人は少なくありません。私もよく利用します。

　熊手蜂蜜㈱の場合、左側の「パートナー（ウクライナ農家）」と「顧客セグメント（消費者）」に変化がありました。これに伴い、「主要活動」に変え、提供価値（消費者向け小口商品）を変えることになります。当然、「Ⓐ収益の流れ」や「Ⓑコスト構造」もいままでと同じようにはいきません。ビジネスモデルキャンバスでは、このあたりを1枚のシートで見やすく整理できます。

(3) SWOT 分析 ─────────────────

> 　ＳＷＯＴ分析は、経営環境を分析する経営ツールです。 分析結果は**図1－32**のように「強み」、「弱み」、「機会」、「脅威」の4つに分けます。「強み」は、内部環境のうち経営にプラスに働く経営環境を指します。その逆にマイナスに働く要因が「弱み」です。「機会」は、外部環境のうち経営にプラスに働く経営環境を指します。その逆にマイナスに働く要因が「脅威」です。外部環境は、経営に間接的な面から影響を及ぼす「マクロ環境」と経営に直接影響を及ぼす「ミクロ環境」に分けて分析することがあります。

　それぞれ、別の経営ツールを補助ツールとして活用し整理すると便利です。ＳＷＯＴ分析は、経営デザインシートの作成時に限らず、経営を考えるときによく利用されます。第1章では、事例や演習を含めて記載しました。第1章でＳＷＯＴ分析に合わせて使用している経営ツールは、「マクロ環境分析」で「ＰＥＳＴ分析」、「ミクロ環境分析」で「ファイブフォース分析」、「内部環境分析」で「バリューチェーン分析」です。

◆図1－32 SWOT分析

	プラスの要因	マイナスの要因
内部環境	強　み	弱　み
外部環境	機　会	脅　威

　ＳＷＯＴ分析は、自社を取り巻く経営環境を分析する経営ツールです。「強み（Strength）」、「弱み（Weakness）」、「機会（Opportunity）」、「脅威（Threat）」の頭文字をとって名付けられました。内部環境と外部環境を分けて分析するのは、自社で統制できる（しやすい）ことと、統制できない（しにくい）ことを分けることに意味があります。外部環境を経営に間接的に影響を及ぼす「マクロ環境」と経営に直接的に影響を及ぼす「ミクロ環境」に分けて分析するのも、内部環境と外部環境を分けることと同じように自社による統制可能性の違いを基準にして分析するためです。統制可能性が高い内部環境と統制可能性の低い外部環境とは戦略の取り方が違ってきます。なお、経営にプラスに働くがどうかは、基準に照らしてどうかを判断することになるので、現象を単純にみて判断することはしません。

　例えば、かつて「アスクル」は文具販売において販売店（街の文房具屋さん）を持たず、同業他社と比較して販売力に乏しい状況にありました。一見、「弱み」に見えます。しかし、これが「強み」とな

り、通信販売に業態転換を図ることができたのです。競合他社は、販売店をもっていた故に町の文房具屋さんと競合関係になる通信販売への進出で後れを取りました。これは昔話ではありません。現在では、マスコミの世界で日経新聞社が同様のポジションにいます。同社は販売店をあまりもたないため、他紙より販売面で不利な立場にいました。しかし、販売店をもたないため、逆に電子新聞への進出が容易にできた（一見弱みと思われることを強みとした）ことは周知のとおりです。

(4) バランス・スコアカード

バランス・スコアカードは、企業業績を財務情報だけでなく多面的にみるためのツールです。BSC と略して呼ばれることもあります。ロバート・キャプラン教授とコンサルティング会社のデビッド・ノートン氏が Harvard Business Review で発表しました。特徴は、**図 1 - 33** のように 4 つの視点でビジョンと戦略のバランスをとった思考をするところです。

BSC（Balanced Score Card）とは、企業活動を①財務の視点と②顧客の視点、③業務プロセスの視点、④学習・成長の視点 4 つの視点から分析評価する経営ツールです。それぞれ、目標や行動を設定するため、主に経営デザインシートで示した右（〇〇年にこうしたい）に至るまでの下（移行戦略）の内容を具体的に数値や行動でイメージするときに役立ちます。なお、経営デザインシートを作成する場合、①財務の視点を意識しすぎると数値ありきの経営をデザインしてしまいかねないので、あくまでも経営デザインシートを作成した後に使うことが重要です。

◆図1-33 バランス・スコアカードの構造

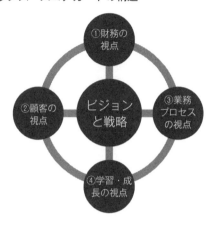

【経営デザインシートへの活用】

　経営デザインシートの作成との関係の中では、特に移行戦略を具体化する際に使用すると良い経営ツールの1つでしょう。

　経営デザインシートでは、財務の視点はあえて入れていません。しかし、実際にビジネスを組み立てていく場合は財務の視点が必要不可欠です。また、「学習と成長の視点」は、その他の視点における目標達成に向けて組織や人を伸ばしていくかを表すものです。

　例えば、熊手蜂蜜㈱の事例部分をとらえた場合、【顧客】の視点では、顧客ニーズ等をもとに商品単価×売上数量などの目標を設定できます。【業務】の視点では、設備投資による単位時間あたりの生産個数×稼働時間などが設定でることでしょう。これを満たすためには、【学習】の視点も欠かせません。新たな設備の操作などの教育投資なども設定することになるでしょう。最終的には、【財務】の視点から目標売上金額（単価×数量）やコスト、設備投資に合わせた資金繰りなども見えてきます。

【図1−34　デザイン経営の9つの入口

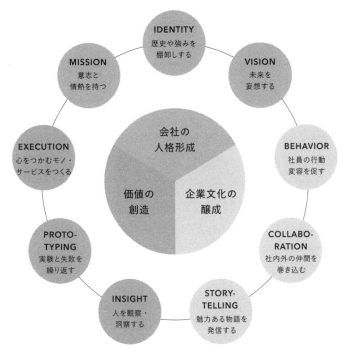

（特許庁ホームページ「中小企業のためのデザイン経営ハンドブック」
より）

　これに対しては、「自社にあった「入り口」から実践してみること」
を提案しています。

　具体的には、図1−34の9つの入口を指します。

　このように、経営デザインとデザイン経営は、まったく異なった目
的で使用する経営ツールです。一方で実務では、経営をデザインする
際にデザイン経営の視点を取り入れたり、その逆もあります。

【参考】経営デザインとデザイン経営

　本書で扱っている経営デザインと似た言葉にデザイン経営があります。経営デザインを語る際にも出てくることがあるキーワードなので、ここで少し触れておきます。

　端的にいうと、「経営デザイン」は、「経営をデザインする」ことです、一方の「デザイン経営」は、デザインを経営に取り入れることです。

　特許庁から発行されている「中小企業のためのデザイン経営ハンドブック　みんなのデザイン経営※」では、冒頭このような問題定義がなされています。「今回、特許庁と KESIKI が目指したのは「デザイン経営の民主化」だ。技術や市場規模の観点ではなく、「人」を起点にビジネスを考える。こうしたアプローチの有効性は、これまで様々な識者が語ってきた。では、多くの中小企業が、デザイン経営を自社に活かすためには、どうすればいいか。」と。

※　特許庁ホームページ「中小企業のためのデザイン経営ハンドブック」
https://www.jpo.go.jp/introduction/soshiki/design_keiei/chusho.
html

第2章

経営のデザインが
活きる補助金

　本書では、経営デザインと補助金の 2 つを扱っています。この 2 つの相性はどうなのでしょうか。どんな補助金が経営デザインに向いているのでしょうか。ポイントは 2 つあります。企業経営に大きな影響を及ぼす内容であるかどうかと、投資額が大きいかどうかです。

　本章では、補助金全般と、上記に該当しそうな補助金について解説します。

　実際に経営デザインシートをどのように活用するかは、次章以降でまとめて解説します。

1 補助金の基礎知識

　本節では、「経営のデザインが活きる補助金」を説明するにあたって、「補助金の基礎知識」について解説します。

　記載項目は以下の2つです。

⑴　行政が交付するお金の種類

　行政が交付しているお金の種類を補助事業類の活動主体と補助金交付先の競争（選別）の有無から4つ分類するとともに、本書で取り扱う補助金等を示します。

⑵　補助金の特徴

　次に補助金の一般的な特徴を解説します。補助金に馴染みのない方は、特に勘違いしそうな10の項目をご確認いただくと良いでしょう。

⑴ 行政が交付するお金の種類

> 　行政が交付するお金で民間の活動に資金の補助を行う事業のうち、獲得に競争の要素が入るものを本書でいう補助金としています。このうち、事業計画が必要なものが経営デザインシート向けです。

　皆さんは補助金のことをどこまでご存じですか。本書で取り扱っているものの多くが補助金と呼ばれているので、「補助金」と記載していますが、実のところ呼び名はいろいろです。ほかには「助成金」、「支援金」、「給付金」、「協力金」、「補給金」、「奨励金」、「交付金」、

「委託金」などの呼び名があります。

　補助金は、行政からもらえるお金という認識があるでしょうが、実のところ、補助金のことをよく理解されていない方が少なくないのではないでしょうか。

　補助金を活用する場合、基本的なことを理解していないと無意味な申請を行ったり、仮に補助金を獲得しても、その労力に見合わなかったり、最終的に返還しなくてはいけなくなったりしかねません。そこで、補助金の基礎的なことを解説していきます。

　最初に解説するのは、行政が交付するお金の種類についてです。これを大別すると、図２－１のとおり４つのタイプに分かれます。

◆図２－１　行政が交付するお金の種類と本書の対象

	競争がある	競争がない
行政の活動を民間等に委託する事業	【タイプ１】委託費、外注費等	【タイプ２】（随意契約の）委託費、外注費等
民間等の活動に行政が資金を補助する事業	【タイプ３】補助金、助成金＊等	【タイプ４】助成金＊、支援金等
申請時の事業計画書提出の必要性	あり（本書の対象）	なし

　タイプ１は行政が行政上の課題解決のために行う研究開発や調査を委託や外注する場合などに用いられるものです。よく委託費や外注費と呼ばれています。例えば、本書で取り扱っている補助金の多くは国や地方自治体が申請の受付や審査などを外部に委託して実施している行政の事業です。委託事業は成果の多くが行政に所有権が発生しますが、特許などの産業財産権や著作権などは受託側が所有するものも

あります。行政から民間等が委託を受けるために、競争（入札等）があります。行政の仕事の一部を民間組織等が有償で請け負うものです。行政と契約をして受託機関（民間組織等）が実施します。

　委託事業でも、経営デザインシートは、行政（サービス）のありたい姿等を考え、そこまでの道筋を明らかにする場合に活用するのに有効です。筆者も委託事業を受託するときは、よく委託事業で求められている社会をデザインしたものです。行政が行う事業は投資規模が大きく、かつ公共性が高いため、ある面、民間企業の経営を考えるとき以上に経営デザインシートを活用するのが有効だといえるでしょう。しかし、本書では経営デザインシートを、行政から支払われるお金を自社の事業に有効活用するためのノウハウとして掲載していますので対象外としています。

　タイプ2は、タイプ1と同様に、行政上の課題解決のために行う研究開発や調査を委託するときに用いられます。タイプ1と異なる点は発注先を公募するのではなく、あらかじめ行政が指定する点です。委託事業のうち、特定企業との随意契約を行う事業等で採用されています。特に数十万円程度の事業規模でかつ適当な委託先が1社に限定される場合などに有効な方法でしょう。タイプ2もタイプ1同様、経営デザインシートを活用するのに有効です。ただし、タイプ1同様の理由から本書では対象外とします。

　タイプ3は、民間等が行う事業活動に対して、行政から支払われるお金です。申請企業すべてが補助対象となるわけではなく、競争によって行政から補助金を獲得できます（国から地方自治体等に交付される補助金を含む）。本書で扱う補助金に該当するものです。呼び名はまちまちですが、本書で扱うもののうち経済産業省のものは補助金と呼ばれています。一方、地方自治体のものは助成金と呼ばれるものも少なくありません（図2-2参照）。補助金は、交付決定を行った先が行った事業に対して、資金を補助するものです。事業で獲得した

固定資産や知的財産は補助事業者側に帰属することになります。

タイプ 4 は、タイプ 3 同様に、民間等が行う事業活動に対して行政から支払われるお金です。タイプ 3 と異なる点は申請企業のうち、要件を満たした企業等に対してすべてお金が支払われる点になります。厚生労働省で助成金と呼ばれているものです。有名なところでは、雇用調整助成金があります。中身は、経営環境が悪化し事業活動が縮小している企業に支給される休業手当などです。新型コロナ感染症では、何兆円もの予算が投じられているのは周知のところでしょう。経済産業省関連では、新型コロナ感染症で売上高が大幅に減少した事業者に給付される事業復活支援金（給付金）や地方自治体で支給されている「営業時間短縮に係る感染拡大防止協力金」などがあります（図 2 － 2 参照）。タイプ 4 でも将来を見通し経営をデザインする必要があるので経営デザインシートを活用する価値はありますが、実際は、悠長に経営デザインシートを作成している余裕のある中小企業は多くありません。

なお、図 2 － 1 の下側にある通り、競争型の補助金は、大きくは 2 タイプに分かれてきます。それは申請時に事業計画を立てるかどうかです。補助金の交付先を決定するのに事業計画を参考にするか、その他の要素で判断するかの違いです。例えば、環境問題に関わる補助金などでは事業計画以上に二酸化炭素の排出削減効果の方が重要とされる場合が少なくありません。このような場合、申請時に事業計画が不要なものがあります。

【参考】補助金と助成金の区分の仕方

補助金と助成金の違いをシンプルにするため、補助金を経済産業省が出すお金、助成金を厚生労働省が出すお金と説明する場合があります。本書で扱っているのは経済系の補助金です。ただし、国だけでなく地方自治体から支払われる補助金等も記載しています。地

方自治体では、経済系の補助金類であっても助成金という名称を使うことが少なくありません。参考までに国と東京都の例を図2－2にまとめました。なお、網掛け部分が本書で扱っている経済系の補助金類を出しているところです。

◆図2－2　補助金と助成金

	主に「**補助金**」と呼ぶ	主に「**助成金**」と呼ぶ
国	**経済産業省**	厚生労働省
東京都	東京しごと財団 東京観光財団	**東京都中小企業振興公社** 東京労働局

※**太字**は本書で扱っている補助金等

　図2－2では、行政が交付するお金の種類を4タイプに分けて説明しました。図2－1の通り、経営デザインシートを作成する効果が高いのは、**タイプ3**に含まれ、かつ申請時に事業計画が求められる（審査に使用される）補助金です。ちなみに事業計画は、補助金に関わる事業を終了後3~5年（申請から4~5年）程度の事業計画を立てるのが一般的です（図2－3参照）。

◆図2－3　事業計画を策定する期間

	補助事業期間	1年後	2年後	3年後	4年後	5年後
計画策定期間				→		
						→

(2) 補助金の特徴

> 本書で扱っているような補助金は、誰もが簡単にもらえるわけではありません。補助金を活用したい場合、自社の投資内容に適した補助金を探すことがその第一歩です。

　私が初回の面談で中小企業経営者にお話を伺うと、よく勘違いされている方がいます。例えば、「補助金は審査が通ったら前払いでもらえるんでしょ」とか、「補助金はもらったら返さなくていいんでしょ」といった内容です。補助金の多くは、そんなに都合の良いものではありません。効果的に活用するためには、その基本的な特徴をよく知っておくことが重要です。ここでは、よく勘違いされやすい事柄について説明しておきます。項目は図２－４のとおりです。

◆図２－４　補助金で勘違いしやすい項目

	勘違いしやすい項目	実態
1	どんな企業でも申請可能でしょ	No
2	申請対象企業ならどんな状況でも申請できるんでしょ	No
3	どんな経費でももらえるんでしょ	No
4	事業計画さえうまく書けばいいんでしょ	No
5	外部のプロに任せておけばいいんでしょ	No
6	補助金は前払いでしょ	No
7	補助金はもらった後、何もしなくてもいいんでしょ	No
8	補助金はもらったら返す必要ないんでしょ	No
9	補助金で得た資産は売却していいんでしょ	No
10	補助金審査に落ちたら再チャレンジ不可でしょ	No

　基本的に、補助金申請時に参照することになるのが公募要領とか募集要項などと呼ばれている書類です（以下公募要領と記載）。上記の項目については、おおむね次の①～⑩の傾向があります。補助金を活用する場合、まずは、公募要領を自ら熟読することが必須です。

① **申請対象企業**

　補助金申請を検討されながら、最終的には「補助金の対象企業になっていなかったので申請を断念した」と言う中小企業経営者がよくいます。

　例えば、中小企業向けの補助金で、自社が中小企業であっても大企業の資本が一定以上入っていて、補助対象にならなかったり、逆に中小企業ではないのに緩和措置で補助対象となったりする場合が少なくありません。補助対象外となる例としては、みなし大企業、政治団体や宗教団体、反社会的組織、事業規模が多きすぎる企業（例：課税所得15億円以上）、風営法の一部に該当する企業、税金を滞納している企業などです。

② **申請対象要件**

　補助金の申請対象企業ではあったものの、その他の要件に当てはまらず、申請を断念したという企業も少なくありません。

　補助金には、必ず目的があります。これに合致しない事業計画は採択されません。例えば、新型コロナ感染症対策の補助金に新型コロナ感染症の影響を受けていない企業が応募しても採択されません。ありがちなのは、多くの新型コロナ感染症対策の補助金が売上が減少している企業を対象にしているからと言って、新型コロナ感染症以外の理由によって業績が悪化している場合などです。

③ **補助対象経費**

　補助金対象企業で、かつ要件も当てはまっているとわかると何でも補助金で買ってしまおうとされる中小企業経営者がいます。しかし、残念ながら、何でも請求できるというものではありません。

補助金には、対象になる経費とならない経費が定められています。これの意味するところは、いい事業計画を立案して補助金が採択されても経費が否認されてしまうことがありえるということです。例えば、研究開発型の補助金ではよく人件費や旅費交通費が認められますが、設備投資型の補助金では認められません。一方で、設備投資型の補助金では研究開発型の補助金で認められることが少ない販路開拓に関わる経費が対象となっていることが少なくありません。

また経費の割合が規定されているものもあります。例えば先に挙げた設備投資型の補助金の場合、事業資産（有形・無形の固定資産）への経費割合を一定割合以上にするよう規定されていたり、技術導入費や専門家派遣費用などの経費割合を制限されたりしているものもあります。

なお、対象経費となっていても事業計画上必要性がないもの、パソコンやスマホなど汎用性があり事業計画外でも使用が可能なもの、賃貸用不動産などを自社ではなく第三者に使用させる場合などは補助金の対象にならない場合が少なくありません。

④ **事業計画の追跡調査**

まれに、「（実行するかどうかは別として）事業計画に審査に有利なことを書いておけばいいんでしょ」と言われる中小企業経営者がいます。理由は審査を通すだけの差別化要因がない（例：新規事業への投資が求められている補助金に、単なる設備更新の資金を使おうとしているケース）、政治・宗教・風俗などに関わる投資で本当のことが書きにくいものなどに補助金を利用したい場合です。

そもそも虚偽申請は、内容によっては犯罪認定を受ける場合もあり得るので、やってはいけません。仮に実施しても不採択、採択決定の取消し、または交付決定の取消しの措置をとられるのがおちです。万が一逃れたとしても、これだけで終わりません。さらに、補

助金を獲得した後（国の補助金の場合）、会計検査院の検査が入る場合があります。会計検査院は捜査権を持っているので、逃れるのは至難の業でしょう。

⑤　**申請等の外部委託**

　まれに、「プロなんだからすべて任せる、申請から補助金獲得まですべてやっておいてよ」と言う中小企業経営者がいます。行政が嫌がるパターンです。自助努力で補助金を獲得できないような企業に補助金（税金）を出したくないですからね。また補助金の事務処理を外部専門家に任されてしまうと行政（補助金の事務局）が補助対象企業に出している依頼事項などが滞ることもあるので、よくありません。

　補助金申請支援を外部委託するパターンは次の2つです。

　第1のパターンは、事業計画の立案そのものに不安がある場合です。この場合、事業計画の立案を行うプロである中小企業診断士や認定支援機関の職員、経営コンサルタントに支援を受けながら事業計画を立てるのも一案です。当然丸投げはよくありません。支援に関わる費用が割高にならないか（費用対効果があるか）の検証は必要です。事業計画の策定支援が補助金額の15％、20％など高額になる場合は要注意です。また、設備メーカーや金融機関など営利企業で無償または廉価で申請支援を行っている企業の中には、設備の販売代金や金利など本業の方で自らの支援費用を多めに確保しているケースもあるので通常より割高になっていないか確認した方が良いでしょう。採択後のフォローの有無の確認も重要です。

　第2のパターンは、事業計画が明確に固まっているものの、事業計画が申請用紙のフォーマットにまとめられていないとか、申請行為自体、時間が取れないなどで申請の代行を希望される場合です。この場合は、各種書類の作成・申請のプロである行政書士に委託するのが良いでしょう。

⑥ **補助金の支払い時期**

　よく「補助金は採択になったらすぐにもらえるんでしょ」と言う中小企業経営者がいます。残念ながら、ほとんどの補助金は後払い（実績払い）です。例えば、設備投資の補助金の場合、設備を購入しその代金を支払った後に、事業計画通り補助金が正しく使われているかどうか検査され、合格したあとで補助金の請求が可能になります。つまり、設備投資に必要となる経費総額全額、まずは自己負担できるだけの資金力が必要となるのです。

⑦ **補助金獲得後の義務**

　よく「補助金をもらったら補助金の事務は終わりですよね」と言われる中小企業経営者がいます。でもそんなことはありません。

　補助金を獲得した後も補助金の事務局などとのやり取りは続きます。最大のイベントは、事業が完了した翌年から 5 年間補助金の事業に係る事業化等の状況を報告しなければならないことです。通常、4〜6 月に実施します。

　また、補助金活用後の実態調査などで事務局等が現地訪問などを行う場合があります。

⑧ **補助金の返還**

　中小企業経営者に「補助金は返還しなければならないこともありますよ」とお伝えすると「不正なことはしないから大丈夫ですよ」と言う方がいます。残念ながら真面目にやっていても、逆に真面目に成果を出しているからこそ補助金を返還しなくてはいけなくなることがあるのです。

　公募要領に「事業化状況の報告から、本事業の成果の事業化又は知的財産権の譲渡又は実施権設定及びその他当該事業の実施結果の他への供与により収益が得られたと認められる場合には、受領した補助金の額を上限として収益納付しなければなりません」などと記載してあります。補助金で購入した設備等で儲けすぎてしまった

ら、補助金の効果が出たと思い、補助金を返還することが必要です。

⑨　**補助金で得た資産の譲渡**

　まれに「補助金で買ったものは、あとで売ったり、貸与したりしてもいいんでしょ」と言う中小企業経営者がいます。その際は、「構いません。ただ、補助金を獲得したメリットがなくなる場合がありますよ」とお伝えしています。

　補助金で取得した財産を処分制限期間内に処分しようとするときは、事務局に事前承認を受けなければなりません。処分制限期間内とは通常、事業完了年度後5年間を指します。処分とは、ⓐ補助金の交付の目的に反する使用、譲渡、交換、貸付け、ⓑ担保に供する処分、廃棄等のことです。財産処分する場合、残存簿価相当額または時価（譲渡額）により、当該処分財産に係る補助金額を限度に納付しなければなりません。要は、補助金を返還しなくてはいけないということです。これでは補助金を獲得した意味がありません。上記ⓐやⓑを想定している場合、補助金の活用はお勧めできません。

⑩　**補助金申請の再チャレンジ**

　まれに「一度不採択だったら、再チャレンジはできないの」と聞かれることがあります。再チャレンジは可能です。中には、事務局に問い合わせをしたら不採択の理由を教えてもらえる補助金もあります。不採択理由を教えてもらえない補助金は、公募要領にその旨の記載がある補助金です。事業計画の良し悪しが採択の可否を決める補助金は、一度不採択であっても、再チャレンジすることをお勧めします。

(3) 補助金獲得のステップ

> 　補助金を獲得するまでのステップには、①申請段階、②事前準備段階、③補助事業段階、④事後処理段階、⑤フォローアップ段階があります。補助金の獲得は④の後です。

　中小企業経営者の中には、補助金も協力金や支援金のように申請すれば簡単に獲得できると思われている方がいます。しかし、残念ながらそんなことはありません。補助金の種類によって若干異なりますが、申請者側からみると、おおむね以下のステップがあります。ⓐ申請段階、ⓑ事前準備段階、ⓒ補助事業段階、ⓓ事後処理段階、ⓔフォローアップ段階です。補助金は図2-5のとおり、これらのステップを1つ1つこなしていき、ⓓの終了時に補助金が獲得できます。

◆図2-5　補助金獲得のステップ

　上記5つのステップに関して、以下、順に概要とポイントを解説していきます。

(4) 申請段階

> 　補助金の申請段階では、主に①応募条件の確認、②事業計画書の作成、③加点項目の獲得、④申請書類の取揃え、⑤申請作業を行います。いずれも不十分だとうまく補助金を活用できません。

　申請段階では、主に①応募条件の確認、②事業計画書の作成、③加

点項目の獲得、④申請書類の取揃え、⑤申請作業を行います。

① **応募条件の確認**

　　補助金申請をする場合、まず公募要領を確認します。自社が行う投資に対して、当該補助金が合っているかどうかを確認するためです。また補助金を獲得するためのヒントも入っているのでその確認も行うことになります。特に事業計画の審査項目や事業計画書に盛り込む事項等の確認は見逃せません。なお、補助金を獲得する場合、様々な事務作業等が必要です。それらを含めて費用対効果があるのかどうかを見極めることもとても重要になります。公募要領に記載されている主な内容は図２－６の通りです。

◆図２－６　公募要領に記載されている項目（例）

・事業概要	・補助対象事業の要件
・公募期間	・事業のスキーム
・申請方法	・応募手続き等の概要
・注意事項	・補助対象経費
・お問合せ先	・補助事業者の義務
・事業の目的	・応募申請に関わる留意点
・補助対象者	・申請書類等のひな型
・補助上限額、補助率	

　＜注１＞　公募要領は改定される場合がある

　　　補助金の公募要領は、応募期間ごとに公募要領の中身が変わることがあります。さらに、同じ応募期間内であっても内容が変わることが少なくありません。新型コロナ感染症対策の補助金などは、そのときどきに合わせて変わる（申請枠が追加されたり、締切時期が伸びたりする）場合もありました。

　＜注２＞　公募要領は申請枠によって違う場合がある

　　　補助金には、いくつかの申請枠を設けるものがあります。その中で一部、申請枠ごとに公募要領をつくっているものもあるので見逃さな

いように注意が必要です。

②　事業計画書の作成

　補助金が獲得できるかどうかの鍵を握っているのは、事業計画書です。既に事業計画書をお持ちの中小企業もあるかとは思います。しかし、ここでいう事業計画書は、行政が補助金を出すかどうかの判断を下すためのもので、一般的な事業計画書ではありません。補助金に合った事業であるかを示すため、審査項目や事業計画書の書き方などに沿った内容が必要です。書き方などは後述します。

＜注 1＞　事業計画の指針が経営デザインシートの内容

　　行政が求めているのは、総じて将来社会的・経済的価値を見出すことのできる事業計画です。このような事業計画を策定する際の指針になるのが経営デザインシートです。

＜注 2＞　事業計画書や経営デザインシートの作成時期

　　ともに企業の根幹をなすものなので、公募期間前から作成を行う企業が少なくありません。

③　加点項目の獲得

　補助金の審査対象に事業計画書以外の項目が追加されていることが少なくありません。一般的に加点項目と呼ばれるものです。加点項目には大きく 2 タイプあります。自助努力によって加点しやすい項目としにくい項目です。当然のことながら、加点しやすい項目は取りにいくにこしたことはありません。自助努力で加点しやすい主な項目には、図 2 － 7 のようなものがあります。難易度や準備期間は個々に違うため注意が必要です。

◆図2−7　加点項目（例）

	加点項目	難易度	準備期間
1	「中小企業の会計に関する基本要領」または「中小企業の会計に関する指針」の適用	普通	数か月
2	経営力向上計画の認定	普通	2〜3週間
3	経営革新計画の承認	高い	2〜4か月
4	先端設備等導入計画の認定	普通	2〜3週間
5	パートナーシップ構築宣言	普通	数日
6	事業継続力強化計画	普通	2〜3週間
7	経産省のEBPMの取組への協力	低い	なし

＜注1＞　数年影響が出る加点項目がある

　　補助金の加点項目の中には、後々も企業経営に影響を及ぼすものがあります。例えば、給与支給総額を3〜5年にわたり数パーセント増額させるものです。理想としては、加点項目に上がっていなくても給与支給総額は毎年上げたいものです。しかし、無理な事業計画を立てるのはよくありません。このような加点項目は、加点を取るかどうか、よく吟味することが必要です。

＜注2＞　加点だけでなく減点項目がある場合もある

　　補助金審査では、加点だけでなく、減点になる項目もあります。例えば、過去の採択回数によって減点が課せられるようなケースです。仮に今回初めての申請であっても、再度申請する可能性がある補助金の場合、どのテーマで申請するのかをよく検討する必要があるかもしれません。

④　**申請書類の取揃え**

　　補助金を申請する場合、事業計画書以外にも添付しなければならない書類があります。書類の入手に日数を要するものもあるので、申請検討初期の段階に申請時の必要書類を確認することになりま

す。例えば、図2－8のような書類のことです。

◆図2－8　補助金申請時に添付する書類（例）

	書　類	補　足
1	決算書	直近1～3年間の貸借対照表、損益計算書、販売管理費明細、個別注記表等
2	労働者名簿	事業者名、従業員数、従業員氏名、生年月日、雇入れ年月、従事する業務の種類等
3	確認書	認定経営革新等支援機関等が事業計画の内容を確認（数日～1か月で発行）
4	加点の根拠書類	行政の承認や認定が必要になるものは、行政発行の書類

⑤　**申請作業**

　補助金申請は、従来郵送や持参が一般的でした。いまは違います。その多くが電子申請に変わってきました。いまの経済産業省の補助金は、補助金申請用のアカウント（gBizID プライム）を用いて、専用ホームページなどから申請を行うものが少なくありません。主な入力項目は図2－9のとおりです。

◆図2－9　電子申請時の一般的な入力項目

1	申請企業の概要	6	役員一覧
2	補助事業の実施場所	7	事業計画
3	補助事業の担当者	8	補助金の実績
4	計画策定支援者	9	経費明細
5	株主一覧	10	資金調達内訳

　＜注1＞　電子申請は意外に時間がかかる

　　電子申請は、意外と時間がかかるものです。慣れていない場合、入

力が1日作業になりかねません。全般的に電子申請を甘くみている企業は締切間際に焦ることが少なくありません。一度、体験してみるとわかりますが、電子申請では思いがけないことが起こります。よくありがちなのが以下です。

 ⓐ 最終日にアクセスが集中して、なかなか申請作業がはかどらない

 ⓑ 締切間際になると、焦ってなかなか作業がはかどらない

 ＜注2＞ 電子申請は一発勝負が多い

  電子申請はデジタル処理されているため、締切を1秒でも遅れると申請できません。一方で、内容チェックが不十分な段階で申請してしまうと、あとから差替えができない場合が多いので、取り返しのつかないことになりかねません。

 ＜注3＞ 面接や追加資料の提出を求められるものもある

  補助金の中には、1回の書類審査だけでなく、面接や追加資料の提出を求められたりするものもあります。

(5) **事前準備段階**

> 申請書類提出後から採択結果の発表、交付決定までに補助事業を実施するための準備活動をします。主なものは①投資に関わる税制優遇の準備、②見積書の準備、③事前着手の準備などです。

　補助金申請を終えた後、実際に事業計画を実施するまでに1〜3か月程度、タイムラグが発生するのが一般的です。

　補助金の事務局は、この間に申請書類のチェックや審査、見積書の確認などを行っています。申請企業は採択発表まで束の間の休息を取ることが少なくありません。もっとも、まったくやることがないわけではなく、事業計画を実施する準備を行うこともできます。

　例えば、①投資に関わる税制優遇の準備、②見積書の準備、③事前

着手の準備などは可能です。最終的に採択発表を経て④交付決定になれば、補助金を活用する準備が完了します。

① **投資に関わる税制優遇の準備**

中小企業経営力向上計画や先端設備導入計画など、行政の承認を得なければ税制優遇を受けられないものの準備を行います。先に記載したように、これらの措置は補助金によっては、加点項目になっているものも少なくありません。ここでは、加点項目になっていないものの準備を行います。なお、補助金で得た収益は、圧縮記帳を行うことで、税制優遇を受けられるのが一般的です。

② **見積書の準備**

補助金を活用する場合、一般的に購入するものの見積りを取ることになります。中には申請時見積書をつける補助金もありますが、補助金採択後に見積書の提出を求められる場合も少なくありません。この種の補助金の場合、この段階で見積書の入手を行っておくのが一般的です。

＜注1＞　交付申請のない補助金もある

補助金の中には、採択後に交付申請を行う必要のない補助金もあります。

＜注2＞　補助金申請額は採択後、増やせない

補助金の額は申請時に上限が確定してしまいます。採択後、申請額以上に請求しようと思っても通りません。申請時にオプションなどの漏れ等がないか十分注意が必要です。物価が高騰しているときは、正式発注時に価格が上がらないように、申請前に、発注タイミング（交付決定後）まで有効となる見積書を取っておくと良いでしょう。

＜注3＞　補助金制度上の相見積りは一般的な相見積りと違う

補助金制度上の相見積りは、完全に同じ仕様のモノ・サービスを安く販売するところから購入しているかどうかを確認するために提出を求められるものです。このため、仕様の異なるものの比較検討も行う

一般的な商取引上の相見積りとは似て非なるものです。

③ 事前着手の準備

　補助金で購入するものは、採択後交付決定されてからしか発注行為ができないのが一般的です。しかし、コロナ禍のように緊急性が高い投資のための補助金の場合、交付決定前に発注を行っても良い仕組みを取り入れている補助金があります。このような補助金の場合、交付決定前に届出（事前着手届の申請）を行った上で、交付決定（日）に先行して発注を行うことが可能です。補助金の採択結果がわかったあとでなければ、発注は行わない（補助金の獲得が発注の前提）という場合もあるかと思います。このような場合でも、採択発表と交付決定の間にタイムラグがある補助金の場合、事前着手届を行うことで、そのタイムラグを解消することが可能となるのです。

④ 交付決定

　一般的に補助金は、交付決定をもって正式に発注等が可能になります。そのタイミングは採択発表時もしくはその後に行う交付申請後の交付決定時です。補助金の種類によって、交付決定時期が異なります。前者の場合、採択発表後、ただちに発注行為等ができますが、後者の場合、交付決定を得る前段階に交付申請という作業が必要です。交付申請では、補助金申請後に微調整した内容を含む事業計画や、正式見積りおよび相見積書等の提出が求められます。

⑹ 補助事業段階 ─────────────

> 補助事業段階は、①事業計画を実行する、②必要に応じて計画
> を変更する、③進捗を報告する、④現地調査、があります。補助
> 金を早く満額もらうため、社内の対応者の役割は重要です。

交付決定後、いよいよ補助金を活用した事業を開始することができ
ます。ここで行うことは、事業計画に記載した内容に沿って事業目的
を達成することです。この手段として、補助金を活用した投資があり
ます。補助事業期間内に行うことは、次の4つです。

① **事業計画を実行する**

申請時に作成した事業計画書を実行します。基本的に計画どおり
に実施することが求められています。これは補助金で購入するもの
の額やスケジュールなどすべてです。

② **必要に応じて計画を変更する**

事業計画は必ずしも計画どおりにいくことばかりではありませ
ん。計画変更を余儀なくされることもあります。補助金を活用する
ケースでも同じです。補助金を活用する場合、変更内容の事前承認
を得ないと補助金がもらえません。ただし、補助事業の場合、図2
－10のとおり事業計画の変更が認められる場合と認められない場
合とがあります。

③ **進捗を報告する**

補助金の種類によっては中間報告を求められるものもあります。
この際に実施するのが、遂行状況報告などと呼ばれるものです。基
本的に簡易なもので、計画どおりに進んでいるかどうか、計画どお
りでない場合、スケジュールや経費の使用に問題が生じていないか
どうか報告することになります。

④ **現地調査を受ける**

　この段階で、現地調査を実施する場合があります。現地調査で行われることは、進捗内容の確認とともに補助金対象の経費で購入した現物や経理書類の現物の確認などです。

◆図2−10　事業計画の変更の許容範囲例

○＝変更可能、△＝変更可能な場合あり、×＝変更不可

	内　　容	変更の可能性	備　　考
1	計画変更の事後報告	△	変更は原則的に実施する前に事務局相談を行う
2	事業期間内に完了しない	△	自社に起因しない要因の場合、認められる可能性あり
3	事業計画が未達	△	採択結果に影響を及ぼさない範囲であれば可能性あり
4	補助金対象経費の下方修正	△	事業計画を実施するために必要不可欠な範囲外は可能
5	補助金対象経費の上方修正	×	増額は認められない
6	補助金で購入したものの目的外利用	△	妥当性があり事務局が認めれば可能性あり

＜注1＞　事務局のスタンス

　補助事業期間内、事務局は各社の事業が計画通りに実行されることを望んでいます。心配ごとがあれば早目に相談すると良いでしょう。事務局から、いろいろアドバイスがもらえます。

(7) 事後処理段階 ──────────────

> 補助事業が終わっても補助金は獲得できません。補助金を獲得するために必要となるのは、①実績報告書の提出、②確定検査の立ち会い、③補助金の請求、④補助金の受領の4つです。

　補助金は補助事業が終わっただけではもらえません。終了後、補助金を獲得するまでに次のステップがあります。ステップは①実績報告の提出、②確定検査の立会い、③補助金の請求、④補助金の支払いの4段階です。

①　実績報告書の提出

　補助事業期間内に実施したことを報告します。経済産業省の補助金の場合、いまはＪグランツというweb上の情報システムを通じての報告が一般的です。実績報告の主な内容には図2-11のようなものがあります。

◆図2-11　実績報告の主な項目

ⓐ　経理書類 　　費目ごとの①見積依頼書、②見積書、③相見積書、④注文書、⑤受注書、⑥納品書、⑦請求書、⑧振込依頼書等 ⓑ　費目別支出明細 　　費目ごとの①費目別支出明細書、②画像データ、③受払簿等 ⓒ　経費明細 　　経費区分ごとの補助金交付決定額と実績 ⓓ　実績報告書 　　①計画概要、②取組内容、③取組成果 ⓘ　その他（各補助金独自の書類等）

　ⓐ経理書類

　補助金をいろいろ活用しようと考えていた場合、膨大な量にな

ります。主な経理書類＜注ⓐ1＞には、①見積依頼書、②見積書、③相見積書、④注文書、⑤受注書、⑥納品書、⑦請求書、⑧振込依頼書があります。民民の取引では、省略している書類も少なくないので注意が必要です。なお、人件費や材料費を計上した場合、日々の進捗を示す書類＜注ⓐ2＞の提出も求められます。

＜注ⓐ1＞　経理書類の発行日付には要注意

　　以下の関係性が必須です。

　　①見積依頼書≦②見積書≦③相見積書≦④注文書≦⑤受注書≦⑥納品書≦⑦請求書≦⑧振込依頼書

　　また、原則④注文書の発行日から⑧振込依頼書の発行日は事業期間内（図2-5参照）でなければなりません。

＜注ⓐ2＞　人件費や材料費の経理書類は結構大変

　　人件費では、補助事業に関係する（補助金対象の）人の体制図や時間給額算出票、給与台帳、業務日誌等が必要です。材料費では、受払簿が必要なので、日々の材料の入出庫などの記帳が必要になってきます。

ⓑ費目別支出明細

　購入するモノやサービスの費目ごとの①費目別支出明細書、②画像データ、③受払簿等があります。このうち②画像データの撮り忘れ＜注ⓑ＞には要注意です。

＜注ⓑ＞画像データの撮り忘れには要注意

　　例えば、補助金で大型の機械装置を購入する場合、設置場所に搬入時、トラック上の機械装置を撮影したり、設置場所の設置前（機械装置がない状態）の撮影をしたりしなくてはなりません。撮り忘れたら一大事です。

ⓒ経費明細

　ⓐ・ⓑの全額のまとめ表です。建物費や機械装置費など指定された経費区分ごとに金額等を記載します。

ⓓ実績報告書

①計画概要、②取組内容、③取組成果の記載を求められます。①計画概要は、原則交付決定時の内容を記載します。②取組内容は、交付決定時のスケジュールと対比しながら具体的に書くことが欠かせません、③取組成果で求められるのは、補助事業の目標に対して実績がどうであったかということです。定量的な内容を含めての報告が必要です。専門家でなくても理解できるように平易かつビジュアルに説明することになります。

② **確定検査の立ち合い**

実績報告の内容を確認するものです。書類審査と現地調査があります。事業計画通り実施できたかどうか、また、補助事業として適切に経理処理などができたかどうかを見られます。

書類審査といっても補助金の申請を行ったときのように1回で良し悪しを決めるのではなく、不足事項があれば追加指示が出て修正を求められることになります。

現地調査では、補助金対象のものの現物を確認したり、経理書類を確認したりされます。

確定検査が通らなかったら、補助金は下りません。真面目にやっていれば大丈夫です。

③ **補助金の請求**

確定検査が通ったら届くのが補助金の額の確定通知です。これを受け取ったら補助金の請求ができます。

④ **補助金の受領**

請求書に基づき、事務局から補助金の支払いが行われます。補助金で購入した物等を営利活動に使用できるのは、原則入金後です。

(8) フォローアップ段階

> 補助金獲得後、フォローアップ等があります。特に押さえておきたいのは、①事業化状況報告・知的財産権等報告や②収益納付、③会計検査院等による実地検査です。

補助金活用に関わる事務は、補助金を獲得したら終わるというものではありません。さらに、その後のフォローアップもあります。フォローアップで押さえておきたいのは、①事業化状況報告・知的財産権等報告や②収益納付、③会計検査院等による実地検査です。その他事例集への掲載、展示会への出展等を紹介される場合もあります。

① **事業化状況報告・知的財産権等報告**

　補助金によって得た成果で事業にどの程度収益が上がったか等を報告するものです。成果の対象は、知的財産権等にも及びます。

② **収益納付**

　意外と知られていませんが、規定以上の収益を上げた場合、補助金の額を上限として収益納付が課せられます。

③ **会計検査院等による実地検査**

　本事業終了後、会計検査院や事務局等が抜き打ちで実地検査に入ることがあります。この検査により補助金の返還命令等の指示がなされた場合は、従わなければなりません。

2 経営のデザインが活きる補助金

〜補助金解説の中で用いている評価の見方〜

【難易度】補助金を獲得することの難易度。採択率や申請・事後処理の内容等から筆者が評価。

　　　　★★★難しい　★★☆やや難しい　★☆☆普通

【KDS相性度】KDS（経営デザインシート）と補助金の相性。目標を明確にする重要性、長期視点の必要性、補助金の中での経営デザインシートの推奨度などから評価。

　　　　★★★大変良い　　★★☆良い　　★☆☆普通

注：補助金申請時は、必ず最新の情報でご確認ください。

　本節では、「経営のデザインが活きる補助金」を補助金の目的別に以下の7タイプに分けて解説します。

(1)　**事業を再構築させるための補助金**

(2)　**設備投資を促進させる補助金**

(3)　**新技術や新サービスを開発させるための補助金**

(4)　**本社や工場等を建設させるための補助金**

(5)　**事業を承継させるための補助金**

(6)　**経営を改善させるための補助金**

(7)　**事業を持続させるための補助金**

(1) 事業を再構築させるための補助金 ─────

> 事業再構築補助金（第5章の事例2企業、事例3企業）
>
> 【難易度】★★★　　【KDS相性度】★★★

【事業概要】

　あなたの企業やあなたが支援している企業では、新型コロナウイルス感染症の影響が長期化している中で抜本的な改革を進めようと考えていませんか。

　そのようなときに有効なのが「事業再構築補助金」です。令和3年度（令和2年度補正予算）から活用できるようになりました。中小企業向けの補助金としては破格の予算規模です。

　本事業は、「ウィズコロナ・ポストコロナの時代の経済社会の変化に対応するために新分野展開、業態転換、事業・業種転換、事業再編またはこれらの取組みを通じた規模の拡大等、思い切った事業再構築に意欲を有する中小企業等の挑戦を支援することで、日本経済の構造転換を促すことを目的」としています。

【事業規模】

・予算規模

　令和2年度補正予算：1兆1,485億円

　令和3年度補正予算：6,123億円

　令和4年度予備費：　1,000億円

　令和4年度補正予算：5,800億円

【補助対象】

・補助対象者：中小企業等、中堅企業等

　事業再構築補助金には、5 つの類型があります。図 2 - 12 のとおり、それぞれ申請に必要となる要件があり、それを満たさなければなりません。

◆図表 2 - 12 事業再構築補助金の 5 つの類型
〈必要となる要件〉

事業再構築の類型	必要となる要件	
1　新分野展開	❶製品等の新規性要件、❷市場の新規性要件、❸新事業売上高 10%等	
2　事業転換	❶製品等の新規性要件、❷市場の新規性要件、❹売上高構成比要件	
3　業種転換	❶製品等の新規性要件、❷市場の新規性要件、❹売上高構成比要件	
4　業態転換	製造方法の変更の場合	❺製造方法等の新規性要件 ❶製品の新規性要件 ❸新事業売上高 10% 等要件
	提供方法の変更の場合	❺製造方法等の新規性要件 ❶商品等の新規性要件または❻設備撤去等要件 ❸新事業売上高 10% 等要件
5　事業再編	❼組織再編要件 ❽その他の事業再構築要件	

〈必要となる要件に関して申請にあたって示す内容〉
要件の❶〜❽は前頁の図内の番号と一致

要 件	申請に当たって示す内容
❶　製品等（製品・商品等）の新規性要件	①過去に製造等した実績がないこと、②製造等に用いる主要な設備を変更すること（※3）、③定量的に性能または効能が異なること（※1）
❷　市場の新規性要件	既存製品等と新製品等の代替性が低いこと
❸　新事業売上高10％等要件	新たな製品等の（または製造方法等の）売上高が総売上高の10％（または総付加価値額の15％）以上となること
❹　売上高構成比要件	新たな製品等の属する事業（または業種）が売上高構成比の最も高い事業（または業種）となること
❺　製造方法等の新規性要件	①過去に同じ方法で製造等していた実績がないこと、②新たな製造方法等に用いる主要な設備を変更すること（※3）、③定量的に性能または効能が異なること（※2）
❻　設備撤去等要件	既存の設備の撤去や既存の店舗の縮小等を伴うもの
❼　組織再編要件	「合併」、「会社分割」、「株式交換」、「株式移転」、「事業譲渡」等を行うこと
❽　その他の事業再構築要件	「新分野展開」、「事業転換」、「業種転換」または「業態転換」のいずれかを行うこと　各類型

※1、2　製品等の性能や効能が定量的に計測できる場合に限って必要
※3　回復・再生応援枠および最低賃金枠は除く

【補助金の種類】

事業類型は図2－13のとおりです。

◆図 2 - 13　令和 5 年事業再構築補助金の申請類型

申請類型	対　象
A　成長枠 （※新設）	成長分野への大胆な事業再構築に取り組む事業者向け
B　グリーン成長枠（※エントリー枠創設）	研究開発・技術開発または人材育成を行いながら、グリーン成長戦略「実行計画」14 分野の課題の解決に資する取組みを行う事業者向け
C　産業構造転換枠（※新設）	国内市場縮小等の構造的な課題に直面している業種・業態の事業者向け
D　サプライチェーン強靱化枠（※新設）	海外で製造する部品等の国内回帰を進め、国内サプライチェーンの強靱化および地域産業の活性化に資する取組みを行う事業者向け
E　物価高騰対策・回復再生応援枠	業況が厳しい事業者や事業再生に取り組む事業者向け ※増額
F　最低賃金枠	最低賃金引上げの影響を受け、その原資の確保が困難な特に業況の厳しい事業者向け

※　令和 5 年度（令和 4 年度補正予算等）での主な変更点

　それぞれ補助金の規模は**図 2 - 14**のとおりです。従業員数によって補助上限額が異なる申請類型もあります。

◆図 2 － 14　令和 5 年事業再構築補助金の補助上限額・補助率

申請類型	補助上限額（下限額は 100 万円）	補助率
A. 成長枠（※ 1）	従業員数 20 人以下 2,000 万円 同 21〜50 人 4,000 万円、 同 51〜100 人 5,000 万円 同 101 人以上 7,000 万円	中小 1/2 中堅 1/3 （※ 2）
B. グリーン成長枠	＜エントリー＞従業員数（※ 1） 20 人以下中小 :4,000 万円 同 21〜50 人 6,000 万円 同 51〜100 人 8,000 万円 同 101 人以上中堅 1 億円 ＜スタンダード＞ 中小 :1 億円、中堅 :1.5 億円	中小 1/2 中堅 1/3 （※ 2）
C. 産業構造転換枠（※ 1）	従業員数 20 人以下 2,000 万円 同 21〜50 人 4,000 万円 同 51〜100 人 5,000 万円 同 101 人以上 7,000 万円 廃業を伴う場合 2,000 万円上乗せ	中小 2/3 中堅 1/2
D. サプライチェーン強靱化枠（※ 1）	5 億円	中小 1/2 中堅 1/3
E. 物価高騰対策・回復再生応援枠	従業員数 20 人以下 1,000 万円 同 21〜50 人 1,500 万円 同 51〜100 人 2,000 万円 同 101 人以上 3,000 万円	中小 2/3 一部 3/4 中堅 1/2 一部 2/3
F. 最低賃金枠	従業員 5 人以下 500 万円 同 6〜20 人 1,000 万円 同 21〜50 人 1,500 万円	中小 3/4 中堅 2/3

※ 1　令和 5 年度（令和 4 年度補正予算等）での主な変更点
※ 2　補助事業期間内に賃上げ要件を達成した場合、補助率を中小 2/3、中堅 1/2 に引上げ

【事業スキーム】

事業スキームは図 2 - 15 のとおりです。①～⑨のステップがあります。特徴は、認定経営革新等支援機関、金融機関と連携する点です。事業計画を共同で作成したり、事業フォローアップ等を得たりします。

◆図 2 - 15 事業再構築補助金の事業スキーム

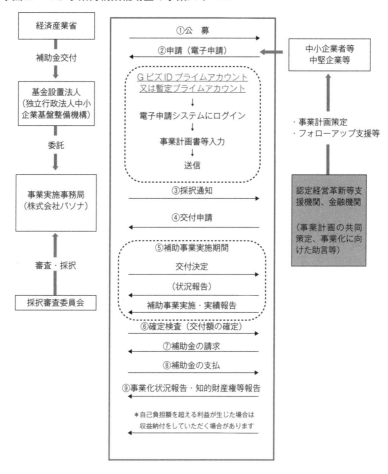

（事業再構築補助金事務局「事業再構築補助金公募要領」より）

【補助対象経費】

①建物費、②機械装置・システム構築費、③技術導入費、④専門家経費、⑤運搬費、⑥クラウドサービス利用費、⑦外注費、⑧知的財産権等関連経費、⑨広告宣伝・販売促進費、⑩研修費

※　事業拡大につながる事業資産（有形・無形）への相応の規模の投資を含むことが求められます。
※　一部の経費については、上限等の制限があります。

【採択状況】

図２－16はすべての類型の採択結果です。約２万者の申請に対して、おおむね50％弱で推移しています。

◆図２－16　事業再構築補助金の採択結果

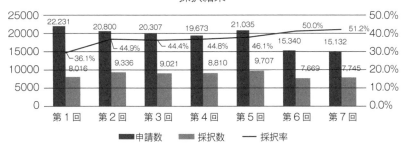
採択結果

なお、本補助金では、申請数のうち、要件を満たした企業の数を公表していました。未達だった企業は、第１回の13.4％以降8.8％、11.9％と一定数あったのが実情です。

【スケジュール】

・公募期間：３か月程度

・事業期間：12か月（採択発表後14か月以内）

※　採択発表前でも事前着手の承認を受けられれば発注等が行えます。

【申請方法】

・Ｇビズ ＩＤプライムの取得（申請）

　https://gbiz-id.go.jp/to

・（事業再構築補助金専用の）電子申請システム

　https://jigyou-saikouchiku-shinsei.jp/

※　クリーン成長枠と産業構造転換枠およびサプライチェーン強靭化枠のみ 2 回
目の申請可

【審査項目】

　事業再構築補助金の審査項目は、図 2 － 17 のとおりです。事業計
画上必須の項目である「適格要件」と事業計画の内容の審査に関わる
「事業点」、「再構築点」、「政策点」とに加え「加点項目」があります。

◆図 2 － 17

適格性	補助事業終了後 3～5 年計画で「付加価値額」年率平均 3.0%（グリーン成長枠 5.0%以上）の増加等
事業化点	・補助事業の遂行能力、資金調達力 ・市場ニーズ、マーケット、市場規模等 ・優位性、収益性、遂行方法、スケジュール、課題と課題解決方法 ・費用対効果、シナジー効果
再構築点	・事業再構築指針に沿う、大胆な再構築 ・事業再構築を行う必要性や緊要性の高さ ・ニーズや強みを活かした選択と集中 ・地域へのイノベーションへの貢献 ・感染症等の危機に強い事業か
政策点	・日本経済の構造転換、経済の牽引、Ｖ字回復、ニッチトップの潜在性、地域の経済成長への貢献、複数事業者の連携
加点項目	・2020 年または 2019 年同月比売上高 30%以上減少 ・最低賃金枠に申請する指定要件達成書 ・EBPM（証拠に基づく政策立案）への協力 ・パートナーシップ構築宣言を行っている事業者 ・事業再生を行う事業者

(2) 設備投資を促進させる補助金 ―――――――

> ものづくり補助金（第5章の事例1、事例3企業）
>
> 【難易度】★★☆　　【KDS相性度】★★★

【事業概要】

　あなたの企業やあなたが支援している企業では設備投資により生産性向上を図る必要に迫られていませんか。そのようなときに利用できるのが「ものづくり補助金」です。ものづくり補助金は、毎年1万者以上の採択企業が出ているので、読者の中にも利用された方も多いかもしれません。

　現行のものづくり補助金は、平成25年度（平成24年度補正予算）から続いている補助金です。現在、中小企業生産性革命推進事業の一部としても運用されています。当初は製造業向け試作開発の補助金でした。現在では、広く革新的サービス開発・試作品開発・生産プロセスの改善を行うための設備投資等を支援する補助金になっています。名称はその時々で変わり、令和5年度以降用（令和4年度補正予算）の正式名称は「ものづくり・商業・サービス生産性向上促進補助金」です。長らく全国中小企業団体中央会がものづくり・商業・サービス補助金の事務局を担当しています。

　大型の補助金なので、設備投資にあたっては、将来のビジネスを見据えた事業計画でなければなりません。経営デザインシートは、その将来像を整理することができます。予算額は少ないですが、複数企業による申請用のものづくり補助金として当初予算の「ものづくり等高度連携・事業再構築促進事業」もあります。以下は、補正予算のものづくり補助金の概要です。

【事業規模】

・予算規模（中小企業生産性革命推進事業の内数）

令和元年度補正予算：3,600億円

令和2年度補正予算：4,000億円

令和3年度補正予算：2,001億円

令和4年度補正予算：4,000億円

※　中小企業生産性革命推進事業は、ものづくり補助金、事業承継・引継ぎ補助金、持続化補助金、IT導入補助金の4つの補助金で構成されている。

【補助対象】

・補助対象者

中小企業者、特定事業者の一部、特定非営利活動法人。（新設）社会福祉法人

・全類型共通の要件

①　事業計画期間において、給与支給総額を年率平均1.5%以上増加。

②　事業計画期間において、事業場内最低賃金（事業場内で最も低い賃金）を地域別最低賃金＋30円以上の水準にする

③　事業計画期間において、事業者全体の付加価値額を年率平均3%以上増加

【事業の種類】

ものづくり補助金は、そのときどきに応じて、いくつかの類型や枠が出されます。申請類型枠は図2－18のとおりです。

◆図表 2 - 18 ものづくり補助金の申請類型と概要

申請類型	概　要
通常枠	革新的な製品・サービス開発または生産プロセス・サービス提供方法の改善に必要な設備・システム投資等を支援
回復型賃上げ・雇用拡大枠	業況が厳しいながら賃上げ・雇用拡大に取り組む事業者（※）が行う、革新的な製品・サービス開発または生産プロセス・サービス提供方法の改善に必要な設備・システム投資等を支援 ※応募締切時点の前年度の事業年度の課税所得がゼロ以下であり、常時使用する従業員がいる事業者に限る。
デジタル枠	DX（デジタルトランスフォーメーション）に資する革新的な製品・サービス開発またはデジタル技術を活用した生産プロセス・サービス提供方法の改善による生産性向上に必要な設備・システム投資等を支援
グリーン枠	温室効果ガスの排出削減に資する革新的な製品・サービス開発または炭素生産性向上を伴う生産プロセス・サービス提供方法の改善による生産性向上に必要な設備・システム投資等を支援 14 次公募から 3 段階の支援類型に拡充
グローバル展開型	海外事業の拡大・強化等を目的とした設備投資を支援（①海外直接投資、②海外市場開拓、③インバウンド市場開拓、④海外事業者との共同事業のいずれかに合致するもの）※④にブランディング・プロモーション等に係る経費を追加

※　14 次公募からの主な変更点

それぞれ、補助上限額と補助率は、図 2 - 19 のとおりです。

◆図 2 - 19 ものづくり補助金の補助上限額と補助率

申請類型	補助上限額 （下限額は全類型 100 万円※）	補助率
通常枠	従業員数 5 人以下 750 万円以内 同 6〜20 人 1,000 万円以内、 同 21 人以上 1,250 万円以内	1/2。小規模事業者等 2/3
回復型賃上げ・雇用拡大枠		2/3
デジタル枠		2/3
グリーン枠 ①エントリー （※新設） ②スタンダード ③アドバンス （※新設）	従業員数 5 人以下 ①　750 万円以内 ②　1,000 万円以内 ③　1,250 万円以内 同 6 人〜20 人 ①　1,000 万円以内 ②　1,500 万円以内 ③　2,000 万円以内 同 21 人以上 ①　2,000 万円以内 ②　3,000 万円以内 ③　4,000 万円以内	2/3
グローバル展開型	3,000 万円	1/2。小規模事業者等 2/3

※　14 次公募からの主な変更点

【事業スキーム】

　ものづくり補助金の公募から補助金の支払いまでは**図 2 - 20**のようになっています。

◆図2-20　事業のスキーム

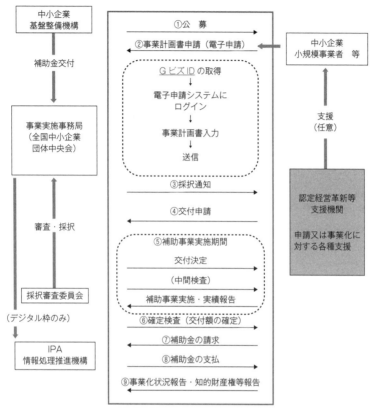

（ものづくり・商業・サービス補助金事務局（全国中小企業団体中央会）「ものづくり・商業・サービス生産性向上促進補助金公募要領」）より

【補助対象経費】

　①機械装置・システム構築費（新設：認定機器等含む）、②技術導入費（上限額、総額の1/3）、③専門家経費（上限額、総額の1/2）、④運搬費、⑤クラウドサービス利用費、⑥原材料費、⑦外注費（上限額、総額の1/2）、⑧知的財産権等関連経費（上限額、総額の1/3）、⑨海外旅費（グローバル展開型のみ：上限額、総額の1/5）

【採択状況】

　補正予算のものづくり補助金の予算が一部基金化されて以降の申請数と採択率は図 2 - 21 のとおりです。以前の採択率は 4 割程度でした。しかし現行（中小企業生産性革命推進事業下）のものづくり補助金は、新型コロナ感染症の影響で投資意欲が減ったためか、ものづくり補助金以上の大型の設備投資に利用できる補助金が出たためか、近年、若干広き門となっています。

◆図 2 - 21

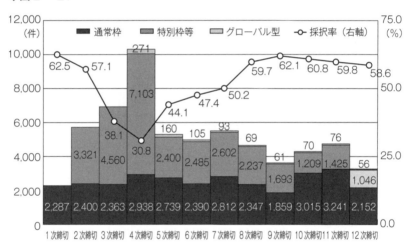

（中小企業団体中央会「ものづくり補助金総合サイト」より）

【スケジュール】

・公募回数：4 回（5 月・8 月・11 月・2 月）

・募集期間：2 か月程度

・事業実施期間：原則、最大で 10 か月

【申請方法】

・ものづくり補助金専用の電子申請システム
・参考：採択後は J-Grants を利用

【審査項目】

　事業再構築補助金の審査項目は、図2－22のとおりです。事業計画上必須の項目である「適格要件」と事業計画の内容の審査に関わる「事業点」、「再構築点」、「政策点」とに加え「加点項目」があります。

◆図2－22

適格性	補助事業終了後3～5年計画で「付加価値額」年率平均3.0%
技術面	・開発の革新性 ・課題の明確性、目標・達成度の明確性 ・解決方法の明確性・妥当性、優位性 ・技術的能力の保有
事業化面	・補助事業の遂行能力、資金調達力 ・市場ニーズ、マーケット、市場規模等 ・優位性、収益性、遂行方法、スケジュール ・費用対効果
政策点	・地域経済経済の牽引、ニッチトップの潜在性、経済波及効果、イノベーションの牽引、経済構造の転換等への有効性
加点項目	・経営革新計画の承認、事業継続力効果計画の認定、賃上げ加点等
その他 個別枠用	・グローバル市場開拓の取組みの妥当性 ・大幅な賃上げに取り組むための事業計画の妥当性

【注意事項】

　給与支給総額の増加目標が未達の場合、返還を求められます。計画

上だけの見せかけの賃上げ計画は避けましょう。

設備投資事業（東京都）
【難易度】★★★　　【KDS相性度】★★☆

【事業概要】

　現在の正式な事業名称は「躍進的な事業推進のための設備投資支援事業」です。令和2年度まで「革新的事業展開設備投資支援事業」と呼ばれていました。「都内中小企業の自ら稼ぐ力を強化し、新たな事業展開やイノベーションの創出を促し、「稼ぐ東京」を実現することを目的」にした助成金です。（公財）東京都中小企業振興公社が実施しています。助成を受けられるのは、先端技術を活用して持続的発展を目指す中小企業者等です。事業区分に該当する取組みに必要となる機械設備等を新たに導入するための経費の一部が助成されます。

【事業規模】

・予算規模
　　令和3年度：56億円
　　令和4年度：101億円
　　令和5年度：121億円

【助成対象】

・補助対象者：東京都内に登記簿上の本店または支店があり、都内で2年以上事業を継続している中小企業者等

【事業の種類】

① 競争力・ゼロエミッション強化

・さらなる発展に向けて競争力強化を目指した事業展開に必要となる機械設備を新たに導入する事業、および、競争力を強化しながら大きく事業の省エネを実現するために必要となる機械設備を新たに導入する事業

・助成率・助成限度額は、中小企業で 1/2〜3/4 以内、小規模事業者で 2/3 もしくは 3/4 以内。助成限度額は 3,000 万円もしくは 1 億円。省エネ性能等のゼロエミッション要件の取組妥当性によって変動

② DX 推進

・IoT、AI、ロボット等のデジタル技術の活用により、新しい製品・サービスの構築や既存ビジネスの変革を目指した事業展開に必要となる機械設備を新たに導入する事業

・助成率・助成限度額は、2/3 以内。助成限度額は 1 億円

③ イノベーション

・都市課題の解決に貢献し、国内外において市場の拡大が期待される産業分野において、イノベーション創出を図るために必要となる機械設備を新たに導入する事業

・助成率・助成限度額は、2/3 以内。助成限度額は 1 億円

④ 後継者チャレンジ

・事業承継を契機として、後継者による事業多角化や新たな経営課題の取組みに必要となる機械設備を新たに導入する事業

・助成率・助成限度額は、2/3 以内。助成限度額は 1 億円

【助成対象経費】

・①機械装置、②器具備品、③ソフトウェア

〈採択状況〉

・採択数：令和 3 年度（第 1 回 44 社、第 2 回 61 社）、令和 4 年度（第 3 回 93 社）

※　申請数や採択率は非公開

【スケジュール】

・募集期間：1 か月強

・手順は図 2 - 23 のとおり

◆図 2 - 23

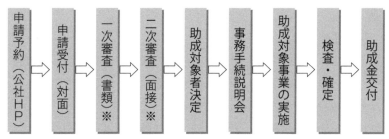

申請予約（公社 HP）→申請受付（対面）→一次審査（書類）※→二次審査（面接）※→助成対象者決定→事務手続説明会→助成対象事業の実施→検査・確定→助成金交付

※　審査段階で、一部の企業に対して現地調査が行われます。

・助成対象期間：交付決定日の翌月 1 日から 1 年 6 か月

【申請方法】

・JGrants を用いた電子申請（令和 4 年度までは持参）

【審査項目】

　東京都の設備投資事業は、1 次審査と 2 次審査があります。審査項目や審査の視点は、図 2 - 24 のとおりです。

◆図2−24

審査項目	審査の視点
資格審査（一次）	
経理審査（一次）	安全性、収益性、成長性
事業計画審査（一次、二次）	目的との適合性、優秀性、実現性、成長・発展性、計画の妥当性
価格審査（二次）	機械装置の価格の妥当性

※　東京都中小企業振興公社の支援を受けた場合などに加点あり

【注意事項】

　多くの補助金と異なり、書面審査だけでなく面接が実施されます。ここで不採択になる企業が少なくないので、一次審査が通ったからといって油断は禁物です。

(3) 新技術や新サービスを開発させるための補助金 ──

成長型中小企業等研究開発支援事業
【難易度】★★★　　【KDS相性度】★★☆

【事業概要】

　あなたの企業やあなたが支援している企業に高度な技術開発やサービスの開発に挑戦する意欲はありますか。ある場合、成長型中小企業等研究開発支援事業金が利用できる可能性があります。通称、Go-Tech事業と呼ばれるものです。令和3年度まで実施されていた旧戦略的基盤技術高度化支援事業（サポイン事業）および旧商業・サービス競争力強化連携支援事業（サビサポ事業）が統合されました。

　研究開発は、中小企業の将来の製品・サービスの競争優位を確保す

る上でなくてはならない投資です。中には、現在顕在化していない
ニーズを見える化するものや現在存在しないビジネスモデルを構築す
るものなどがあることでしょう。経営デザインシートは、このような
開発の方向性を決めるのに役立ちます。

【事業規模】

・予算規模

　　令和 3 年度当初予算：109.0 億円

　　令和 4 年度当初予算：104.9 億円

　　令和 5 年度当初予算：132.9 億円

【補助金規模】

・補助額：4,500 万円（3 年間の総額で 9,750 万円）

・補助率：原則 2/3 以内

【補助対象】

・補助対象者：中小企業者、大学、公設試、民間団体等

・対象事業：ものづくり基盤技術およびサービスの高度化に向けて、
　大学・公設試等と連携して行う研究開発等

【事業スキーム】

　成長型中小企業等研究開発支援事業は、一般的な補助金と異なり、
事業管理を行う事業管理機関の設置等が義務付けられています。成長
型中小企業等研究開発支援事業の仕組みは図 2 − 25 のとおりです。
事業管理機関は、大学の産学連携本部や中小企業支援センター、その
他中小企業支援機関などが担います。

◆図2-25　成長型中小企業等研究開発支援事業の仕組み

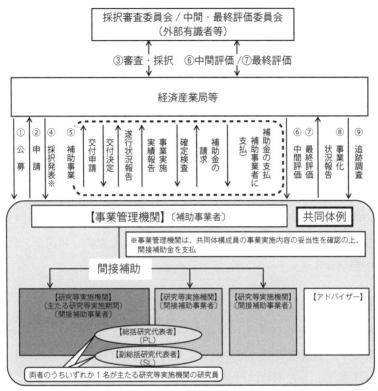

（経済産業省「Go-Tech事業　公募要領」より）

【補助対象経費】

　物品費：設備備品費（機械装置備品費、土木・建設工事費、保守・改造修理費、外注費）。消耗品費）、②人件費（研究員費、管理員費用、補助員雇上費用※）・謝金、③旅費、④委託費、⑤その他（印刷製本費やマーケティング調査費、賃貸借費等）

※　研究員、管理員以外で本事業に補助的な立場で直接従事した者の雇用に係る
　経費

【採択状況】

・令和 4 年度（第 1 回）：申請 220 件、採択 102 件、採択率 46.3%
・令和 4 年度（第 2 回）：申請 100 件、採択 30 件、採択率 30.0%

【スケジュール】

・公募期間：2 か月半程度
・事業期間：2 年度または 3 年度

【申請方法】

・府省共通研究開発管理システム（e-Rad）を用いた申請
・経済産業省の補助金の申請では、Ｊグランツの利用が進められていますが、本事業は文部科学省なども関連してくるため、申請システムが異なります。

【審査項目】

　成長型中小企業等研究開発支援事業の審査項目は、図 2 − 26 のとおりです。設備投資系の補助金でよく見られる「技術面」、「事業化面」、「政策面」とともに、「出資獲得面からの審査項目があります。研究開発の場合、事業化で収入（資金）を得るまでに時間がかかるため、その前に事業が資金不足で頓挫しないように、別出しで審査項目が設けられているのです。

◆図2−26　成長型中小企業等研究開発支援事業の審査項目

	審査項目
技術面	技術の新規性、独創性および革新性 研究開発目標値の妥当性 目標達成のための課題と解決方法およびその具体的実施内容 研究開発の波及効果
事業化面	目標を達成するための経営的基礎力 事業化計画の妥当性 事業化による経済効果 高付加価値企業への成長・変革
政策面	経済産業政策との整合性 中小企業政策との整合性
出資獲得面からの審査項目	公的支援の必要性 ファンド等の出資者のハンズオン支援体制 出資金が企業価値の向上に与える効果の程度

【注意事項】

　本事業は、中小企業者と大学・公設試験研究機関（例：東京都立産業技術研究センター）等と連携して行うものです。このため、単独で申請する補助事業と異なり、相手方との調整が重要になってきます。大学等と中小企業では、一般的に補助金活用の目的やスピード感などが違う場合が少なくありません。本補助金に関しては、資金負担割合も違います。両者の調整が非常に重要になります。

⑷ 本社や工場等を建設させるための補助金 ────

企業立地促進補助金（都道府県）
【難易度】★★☆　　【KDS相性度】★★☆

【事業概要】

　あなたの企業やあなたが支援している企業では、新たに事業所の開設等を検討していませんか。そのようなときに利用できる可能性のある補助金があります。

　本補助金は、地域に本社や工場、研究所を誘致するために地方自治体が設けている補助金です。地域経済を活性化するために設けられています。ただし、どこにでもあるというものではありません。地方自治体ごとに政策が違うため、補助金の有無、内容は地域によってバラバラです。

　企業の立地場所を再検討する場合、立地場所の候補に挙がっている場所での事業活動を 10 年 20 年先の未来を見ながら創造することが必要になります。そのときに利用できるのが経営デザインシートです。

【事業規模】

・予算規模：都道府県、市町村区で予算化されます。予算規模は、地方自治体によってまちまちです。以下には、主に補助金上限額 1,000 万円以上の施策を講じている地方自治体の補助金を記載します。

・公募回数：一般的に締切を設けて一度に審査することは行っていません。一般的には都度、受付を行い審査しています。また、国の競争型の補助金と異なり申請の前に個別内容に関して相談可能です。

【主な地域の補助金】

北海道

　北海道の企業立地促進費補助金は、北海道が産業育成に力を入れている製造分野の投資に厚く補助を行うのが特徴です。補助金額は、本社機能移転の 1,000 万円 / 年から自動車・航空機・高機能素材・複

合材料関連製造業の 15 億円までまちまちです。主なものは、新設が投資額の 10%まで助成、増設が同 5%までとなっています。

宮城県

みやぎ企業立地奨励金制度と呼ばれています。投資額の大きいものに力を入れている点が特徴です。工場や研究所の場合、100 億円以上の投資で交付限度額 40 億円（奨励金交付率 10%）、1 億円以上の投資で交付限度額 3 億円（奨励金交付率 3%）となっています。その他運送業・倉庫・梱包・卸売・小売は交付限度額 1.5 億から 20 億円（奨励金交付率 3～10%）等です。

東京都

東京都の企業誘致は、主に区市町村で実施しています。企業誘致に係る奨励金制度を行っている区市町村は図 2 - 27 のとおりです。

◆図 2 - 27　東京都下で企業立地・企業誘致支援を実施している区市町村

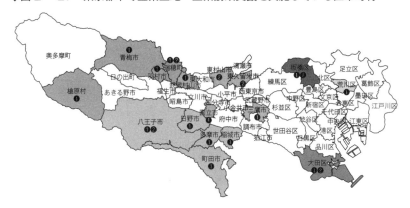

❶企業誘致に係る奨励金制度

（東京都企業立地相談センター「企業立地・企業誘致支援を実施している区市町村」より）

例えば、町田市では、工場新設等の場合、固定資産税・都市計画税・事業所税に対して 5 年間で 8,000 万円まで奨励金が交付される制度等を持っています。また、大田区では、ものづくり工場立地助成

と称した上限 1,000 万円、助成率 1/3 までの工場等の建設や移転に対する助成金があります。

神奈川県

神奈川県にはセレクト神奈川 NEXT という制度があります。このうち企業立地促進補助金は、大企業の場合は投資額の 3％、中小企業は同 6％、上限 5 億円まで補助されます。特区制度を活用する場合は、補助率、補助上限額ともに上記の倍です。対象施設は、工場、研究所、宿泊施設、本社機能等。投資額は、大企業 20 億円以上、中小企業 5,000 万円以上。対象産業は未病関連産業、ロボット関連産業、エネルギー関連産業、観光関連産業など 10 産業などの要件があります。

愛知県

愛知県には、21 世紀高度先端産業立地補助金があります。度先端分野における大規模投資等の支援制度です。中小企業の場合、市町村を通じた間接補助の形をとっています。補助対象者は、製造業・ソフトウェア業に係る工場・研究所を新設または増設する企業です。要件には①投資規模要件と②雇用要件があります。投資規模要件は、大企業（工場）の場合 50 億円以上、大企業（研究所）の場合、5 億円以上、中小企業は 2 億円以上となっています。補助率はおおむね 10％以内、限度額は 100 億円です。

大阪府

府内投資促進補助金は、工場または研究開発施設の新築・増改築を行う中小企業に対する支援事業です。対象施設は先端産業分野の研究開発施設や既存工業集積地の工場・研究開発施設になります。補助のタイプは①投資に対する補助と②法人事業税に対する補助の 2 つです。①投資に対する補助は、中小企業が行う 1 億円以上の投資に対して 3,000 万円まで補助されます。②法人事業税に対する補助は、操業開始年度の翌年度および翌々年度の法人事業税相当額の 50％を

2,000万円までです。

兵庫県

　兵庫県の産業立地促進制度では、①工場等、②研究開発施設、③事務所、④本社機能に対して補助金が出ます。一般地域への建物の投資の場合の補助率は①と③が3％以内、②と④が5％以内です。促進地域で実施する場合、①と③が5％以内、②と④が7％以内に増えます。オフィスビル等に入居する場合、補助率は1/2で限度額は200万円です。

広島県

　広島県の企業立地促進助成は、原則、自ら設備投資した事業場等を自ら使用する事業者に助成されます。助成金の対象は10種類です。先端・成長産業集積助成や産業集積助成、地域活力再生支援助成、企業人材転入助成などがあります。主な助成は固定資産税評価額に対するものです。なお企業人材転入助成では、代表者等の転入に対して中小企業で最高500万円まで助成されます。

福岡県

　福岡県企業立地促進交付金は、大きく2つに分けられます。①製造・事業施設に対する交付金、②特定業務（本社機能）施設に対する交付金です。①では、5億円以上の投資を伴う移転に際して、業務施設の床面積、県民雇用数などから算出された額を最大5億円まで交付されます。新設増設の場合、上限は1.5億円です。②では、研究開発部門に対して上限5億円、その他本社機能に対して1億円まで交付されます。

(5) 事業を承継させるための補助金 ——————

事業承継・引継ぎ支援事業（第 5 章の事例 4 企業）

【難易度】★★☆　　【KDS相性度】★★☆

【事業概要】

　あなたの企業やあなたが支援している企業では、次世代後継者の選定や経営・技術の伝承は済んでいますか。

　わが国では、中小企業中小企業経営者の平均年齢が上昇している中で後継者が決まっていない中小企業が少なくありません（参考：図4－8「わが国の休廃業・解散件数と経営者の平均年齢の推移」(P.187)）。事業承継・引継ぎ支援事業は、事業を承継したり事業を引き継いだりする際に使用できる補助金です。

　事業承継・引継ぎは企業の中長期先未来を見据えて行うことが必要になります。経営デザインシートは、現中小企業経営者や次期中小企業経営者、仲介者等が、事業承継・引継ぎを円滑に行うためのコミュニケーションツールとして使用できます。

　本事業は、中小企業庁が事業承継・引継ぎ補助金事務局に委託して行っています。

　事業目的は「中小企業者及び個人事業主（以下、中小企業者と個人事業主を総称して「中小企業者等」という。）が事業承継、事業再編及び事業統合を契機として新たな取組を行う事業等（以下、「本事業」という。）について、その経費の一部を補助することにより、事業承継、事業再編及び事業統合を促進し、我が国経済の活性化を図ること」です。

【事業規模】

・令和 3 年度補正予算：2,001 億円

・令和 4 年度当初予算：16.3 億円

・令和 4 年度補正予算：4,000 億円

・令和 5 年度当初予算：20 億円

※ 中小企業生産性革命推進事業：持続化補助金、ものづくり補助金、IT 導入補助金、事業承継・引継ぎ補助金で構成。事業承継・引継ぎ補助金は、令和 3 年度補正予算から中小企業生産性革命推進事業に追加。

・国の補助金以外にも地方自治体で予算化されている事業もあります。

【補助対象】

補助対象は、広く事業承継を行う中小企業等です。

・補助対象者

　日本で事業を営む者などの 11 要件と事業承継の要件を満たす中小企業者等または特定非営利活動法人。

・事業承継の要件

　中小企業者等間における事業を引き継がせる者と事業を引き継ぐ者の間で M&A 等を含む事業の引継ぎを行ったまたは行うこと。M&A 等には、吸収合併と吸収分割、事業譲渡、株式交換、株式譲渡、株式移転、新設合併を含む。

【事業の種類】

令和 5 年度に実施される事業承継・引継ぎ補助金の申請類型は、図 2 - 28 のとおりです。

◆図 2 - 28　事業承継・引継ぎ補助金の補助率上限額と補助率

（令和 4 年度補正予算分）

申請類型		補助上限額	補助率
経営革新	①　創業支援型 ②　経営者交代型 ③　M＆A型	800 万円以内	1/2 または 2/3 以内
専門家活用	①　買い手支援型 ②　売り手支援型	600 万円以内	1/2 または 2/3 以内
廃業・再チャレンジ		150 万円以内	2/3 以内

（令和 5 年度当初予算分）

申請類型		補助上限額	補助率
経営革新	生産性向上要件合致	300〜500 万円	1/2
	上記以外	300 万円以内	1/2
専門家活用		400 万円以内	1/2
廃業・再チャレンジ		150 万円以内	1/2

【事業スキーム】

　図 2 - 29 のとおり、認定経営革新等支援機関と連携して実施します。

◆図2−29 事業承継・引継ぎ補助金の事業スキーム

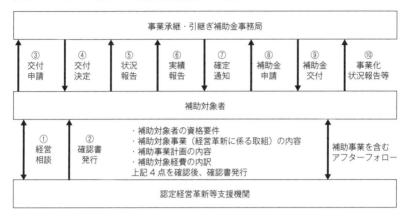

（事業承継・引継ぎ補助金事務局「事業承継・引継ぎ補助金（経営革新）」より）

【補助対象経費】

　補助対象経費は、事業承継・引継ぎに関わる経費を広く対象にできます。なお、廃業費は廃業・再チャレンジ申請と併用申請した場合のみ計上可能です。事業費と廃業費は図2−30のとおりです。

◆図2−30 事業承継・引継ぎ補助金の補助対象経費

事業費	人件費、店舗等借入費、設備費、原材料費、産業財産権等関連経費、謝金、旅費、マーケティング調査費、広報費、会場借料費、外注費、委託費
廃業費	廃業支援費、在庫廃棄費、解体費、原状回復費、リースの解約費、移転・移設費用（一部の型のみ）

【採択状況】

　事業承継・引継ぎ補助金の採択状況は以下のとおりです。補正予算

より当初予算、経営革新より専門家派遣の採択率が高くなる傾向にあります。具体的には、図 2 − 31 のとおりです。

◆図 2 − 31　事業承継・引継ぎ補助金の採択状況

（　）内採択率

	経営革新	専門家活用
令和 2 年度 補正予算（1 次）	167/335 件 （49.9%）	346/412 件 （84.0%）
令和 2 年度 補正予算（2 次）	187/375 件 （49.9%）	330/420 件 （78.9%）
令和 3 年度 補正予算（1 次）	105/209 件 （50.2%）	407/790 件 （51.5%）
令和 3 年度 補正予算（2 次）	105/188 件 （55.9%）	234/422 件 （55.4%）
令和 3 年度 補正予算（3 次）	107/189 件 （56.6%）	234/408 件 （57.4%）
令和 3 年度 当初予算	75/136 件 （55.1%）	236/270 件 （87.4%）
令和 4 年度 当初予算	50/71 件 （70.4%）	172/199 件 （86.4%）

※　廃業再チャレンジは主に上記併用申請

【スケジュール】

※令和 4 年度当初予算

・受付期間：1 か月程度

・事業期間：11 か月程度

【申請方法】

jGrants を用いた電子申請

【審査項目】

・①経営革新等に係る取組みの独創性、②経営革新等に係る取組みの
　実現可能性、③経営革新等に係る取組みの収益性、④経営革新等に
　係る取組みの継続性
・上記に加え経営力向上計画の認定、経営革新計画の承認または先端
　設備等導入計画の認定書を受けていることなどの加点項目あり

【注意事項】

　中小企業の事業承継は、わが国経済の重要な政策課題の１つであ
るため、年々施策が充実されてきました。近年では、事業承継の推進
にＭ＆Ａを活用するための施策が出てきています。一方で、時限性の
あるものなので、本補助金を活用する場合、申請時期等には注意が必
要です。現時点では、後継者が取得した一定の資産について、贈与税
や相続税の納税を猶予する「法人版事業承継税制」の動きを見ておく
必要があります。事業承継税制は2018年１月から10年間の特例措
置です。ただし、申請期限が2024年３月末までとなっています。

⑹ 経営を改善させるための補助金 ─────────

ポスコロ事業、405事業
【難易度】★★☆　　【ＫＤＳ相性度】★★☆

【事業概要】

　借入金の返済負担等の財務上の問題を抱えている中小企業・小規模
事業者が経営改善に向けて経営改善計画等の作成支援や伴走支援を受
ける際に申請できる補助金です。ポスコロ事業（早期経営改善事業）
と405事業（経営改善事業）があります。ポスコロはポストコロナ
持続的発展事業の略です。405は当初の予算（平成24年度補正予算）

規模が 405 億円だったことから命名されました。

【事業規模】

・予算規模

　平成 24 年度補正予算で独立行政法人中小企業基盤整備機構への補助金（認定支援機関による経営改善計画策定支援補助金により造成された基金）として当初基金造成額 405 億円。以降、平成 27 年 6 月に 256 億円返還、平成 30 年 3 月 300 億円、平成 31 年 3 月に 100 億円、令和 2 年 6 月に 48 億円を積み増し。

　令和 5 年度（令和 4 年度補正予算）に「認定支援機関による経営改善計画策定支援事業」として 50 億円

【補助対象】

　資金繰りの悪化等が生じ経営に支障が生じることを予防するために、資金繰りの安定をはかりつつ、本源的な収益力の改善への取組みを必要とする中小企業等

【事業の種類】

　経営改善に役立つ補助金の事業には、図 2 − 32 のとおり、ポスコロ事業と 405 事業があります。

◆図 2 − 32　経営改善計画策定事業の種類

ポスコロ	新型コロナウイルス感染症等による資金繰りの悪化等で経営に支障が生じて、金融機関の金融支援を受ける状態になる前に認定経営革新等支援機関の支援を受けて経営改善計画を策定し、策定した計画を金融機関に提出することによって、金融機関との関係を構築し、早期の経営改善を図るための事業

405事業	金融支援（リスケや新規融資等）を必要としているものの自らの力では、金融機関向けの経営改善計画を策定できない中小企業等が認定経営革新等支援機関の支援を受けて経営改善計画を策定し、策定した計画を金融機関に提出することによって、金融機関との関係を構築し、経営改善を図るための事業

【補助対象経費】

　補助対象経費は、外部専門家による経営改善計画の策定費用（計画策定費用）と経営改善計画を実施する際の外部専門家による伴走支援費用（伴走支援費用）、外部専門家を活用した金融機関交渉費用（金融機関交渉費用）、ＤＤ（デューデリジェンス）があります。ＤＤで多いのは、財務面のＤＤや法務面、労務面のＤＤです。補助対象経費の補助上限額と補助率は図２－33のとおりです。

◆図２－33　補助対象経費

		補助対象経費	補助上限額	補助率
① ポスコロ事業	通常枠	①計画策定費用 ②伴走支援費用(期中) ③伴走支援費用(決算期)	① 15万円 ② 5万円 ③ 5万円	2/3
	保証解除枠 経営者	①計画策定費用 ②伴走支援費用(期中) ③伴走支援費用(決算期) ④金融機関交渉費用	① 15万円 ② 5万円 ③ 5万円 ④ 10万円	2/3
② 405事業	通常枠	①ＤＤ・計画策定費用 ②伴走支援費用 ③金融機関交渉費用	① 200万円 ② 100万円 ③ 10万円	2/3
	中小枠	①ＤＤ費用 ②計画策定費用 ③伴走支援費用	① 300万円 ② 300万円 ③ 100万円	2/3

【活用状況】

令和 2 年 5 月〜令和 4 年 6 月

・ポスコロ事業：申請 14,709、支援決定 14,704

【スケジュール】

従来は、有効期限の設定がありませんでしたが、令和 4 年度から図 2 − 34 のようになりました。

◆図 2 − 34　スケジュール

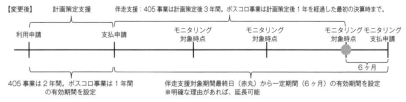

【変更後】　計画策定支援　　　　伴走支援：405 事業は計画策定後 3 年間。ポスコロ事業は計画策定後 1 年を経過した最初の決算時まで。

利用申請　　　　　　　　　支払申請　　　　モニタリング　　　　　モニタリング　　　　　モニタリング モニタリング
　　　　　　　　　　　　　　　　　　　　　対象時点　　　　　　　対象時点　　　　　　　　対象時点　　支払申請

　　6 ヶ月

405 事業は 2 年間。ポスコロ事業は 1 年間　　伴走支援対象期間最終日（赤丸）から一定期間（6 ヶ月）の有効期間を設定
の有効期間を設定　　　　　　　　　　　　　※明確な理由があれば、延長可能

（「経済産業省「経営改善計画支援事業の見直しについて」2022 年 3 月 22 日」より）

【申請方法】

① 利用申請

申請者（中小企業・小規模事業者）が中小企業活性化協議会に対し、経営改善計画策定支援事業利用申請書等を認定経営革新等支援機関と連名で行う。

② 審査、助言等

中小企業活性化協議会が、対象要件に合致するかを審査する。必要に応じて面談等で助言等を行う。

③ 計画策定

認定経営革新等支援機関が行う。不動産鑑定業務等については外部委託することができる。

④ 通知・承諾

　中小企業活性化協議会が、認定経営革新等支援機関に対し、計画
策定等の委嘱を文書で通知し、各認定経営革新等支援機関は承諾書
を提出する。

⑤　**計画策定支援・合意形成**

　認定経営革新等支援機関が、図２－35 ガイドラインに基づき
経営改善計画を作成し、金融機関との合意形成を行う。

◆図２－35　ガイドラインに基づく計画内容

・ビジネスモデル俯瞰図
・会社概要表（株主、役員構成、役員等との資金貸借、沿革等）
・資金繰実績表
・経営改善計画に関する具体的施策および実施時期
・実施計画（アクションプラン）および伴走支援計画（計画内容に応じ
　た期間（原則３年程度））
・資産保全表
・貸借対照表、損益計算書、キャッシュフロー計算書等の計数計画
・金融支援の依頼内容
・その他必要とする書類

⑥　**計画に係る支払申請等**

　上記で発生した経費の支払い請求を行う

⑦　**伴走支援**

　申請者および認定経営革新等支援機関は、計画内容に応じた期間
（原則として３年）の伴走支援に取り組む。計画と実績の乖離が生
じている場合等においては、認定経営革新等支援機関は申請者に対
し、適切なアドバイス等を行う。乖離が大きく、抜本的に事業再生
を行う必要がある場合には、申請者に相談の上、中小企業活性化協
議会に相談することができる。

⑧　**伴走支援等費用支払い等**

　申請者は、伴走支援の実施を受けるごとに、中小企業活性化協議

会に対し、経営改善計画策定支援事業伴走支援費用支払申請書等を
認定経営革新等支援機関と連名で申請する。

⑺ 事業を持続させるための補助金 ────────

持続化補助金
【難易度】 ★☆☆　　【KDS相性度】 ★☆☆

【事業概要】

　小規模事業者や小規模事業者支援者の中で生産性向上を図る必要に
迫られている方はいらっしゃいませんか。そのようなとき利用できる
のが「持続化補助金」です。正式には、「小規模事業者持続化補助金」
といいます。

　目的は、「小規模事業者等が今後複数年にわたり相次いで直面する
制度変更等に対応するために取り組む販路開拓等の取組の経費の一部
を補助することにより、地域の雇用や産業を支える小規模事業者等の
生産性向上と持続的発展を図ること」です。制度変更等には、働き方
改革や被用者保険の適用拡大、賃上げ、インボイス導入等がありま
す。

　なお、本補助金の事務局には 2 つあります。商工会議所地区事務
局と商工会地区の都道府県地方事務局です。

　＜参考＞市町村によって、商工会議所地区と商工会地区に分かれます。
　　　初期のころは、23 区や市にあるのが商工会議所で町や村にあるのが商
　　　工会でした。現在は市町村の合併を経て混在しています。

【事業規模】

・予算規模（中小企業生産性革命推進事業の内数）
　令和元年度補正予算：3,600 億円

令和2年度補正予算：4,000億円

令和3年度補正予算：2,001億円

令和4年度補正予算：4,000億円

※　中小企業生産性革命推進事業は、ものづくり補助金、持続化補助金、事業承継・引継ぎ補助金、IT導入補助金の4つの補助金で構成されている。

【補助対象】

・補助対象者は、小規模事業者。一般型は、一定要件を満たす特定非営利活動法人を含む。

【事業の種類】

・一般型（通常枠）補助上限50万円、補助率2/3

・一般型（卒業枠）補助上限200万円、補助率2/3

・一般型（創業枠）補助上限200万円、補助率2/3

・一般型（賃金引上げ枠）補助上限200万円、
　　　　　　　　　　　　　補助率2/3（赤字事業者は3/4）

・一般型（後継者支援枠）補助上限200万円、補助率2/3

※　（新設）免税事業者からインボイス発行事業者に転換する小規模事業者は一律50万円上乗せ

【補助対象経費】

・①機械装置等費、②広報費、③ウェブサイト関連費、④展示会等出展費（オンラインによる展示会等に限る）、⑤旅費、⑥開発費、⑦資料購入費、⑧雑役務費、⑨借料、⑩設備処分費、⑪委託費・外注費

【採択状況】

　持続化補助金一般型の第１回からの採択結果は、図２－36 の通りです。採択率は 60％台で落ち着き始めました。

◆図２－36　持続化補助金一般型の採択結果

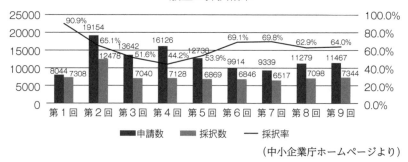

一般型の採択結果

（中小企業庁ホームページより）

【スケジュール】

・公募期間：年度初めに受付開始。事業支援計画書発行の各回の受付　締切の１週間前
・事業期間：最長９か月

【申請方法】

・電子申請（締切日の 23:59 まで）もしくは、郵送（締切日の消印）

【審査項目】

　持続化補助金の審査項目は、公募要領中の審査の観点にある３つです。具体的には①基礎審査、②書面審査、③政策加点審査があります。内容は、図２－37 の通りです。

◆図2−37　持続化補助金の審査項目

書面審査
○自社の経営状況を適切に把握し、自社の製品・サービスや自社の強みも適切に把握しているか。 ○経営方針・目標と今後のプランは、自社の強みを踏まえているか。 ○経営方針・目標と今後のプランは、対象とする市場（商圏）の特性を踏まえているか。 ○補助事業計画は具体的で、当該小規模事業者にとって実現可能性が高いものとなっているか。 ○補助事業計画は、経営計画の今後の方針・目標を達成するために必要かつ有効なものか。 ○補助事業計画に小規模事業者ならではの創意工夫の特徴があるか。 ○補助事業計画には、ITを有効に活用する取組みが見られるか。 ○補助事業計画に合致した事業実施に必要なものとなっているか。 ○事業費の計上・積算が正確・明確で、真に必要な金額が計上されているか。

基礎審査項目
①必要な提出資料がすべて提出されていること ②補助対象者、補助対象事業、補助率等、補助対象経費の要件および記載内容に合致すること ③補助事業を遂行するために必要な能力を有すること ④小規模事業者が主体的に活動し、その技術やノウハウ等を基にした取組みであること

加点項目	概　要
パワーアップ型加点	●地域資源型 　地域資源等を活用し、良いモノ・サービスを高く提供し、付加価値向上を図るため、地域外への販売や新規事業の立ち上げを行う計画の加点 ●地域コミュニティ型 　地域の課題解決や暮らしの実需に応えるサービスを提供する小規模事業者による、地域内の需要喚起を目標とした取組み等を行う計画に加点
赤字賃上げ加点	賃金引上げ枠に申請する事業者のうち、赤字である事業者に対して加点

経営力向上計画加点	中小企業等経営強化法に基づく「経営力向上計画」の認定を受けている事業者に対して加点
電子申請加点	補助金申請システム（名称：Jグランツ）を用いて電子申請を行った事業者に対して加点
事業承継加点	代表者の年齢が満 60 歳以上の事業者で、かつ、後継者候補が補助事業を中心になって行う場合に加点
東日本大震災加点	福島第一原子力発電所による被害を受けた水産加工業者等に対して加点
過疎地域加点	過疎地域の持続的発展の支援に関する特別措置法に定める過疎地域に所在し、地域経済の持続的発展につながる取組みを行う事業者に対して加点
災害加点	令和 4 年 3 月 16 日に発生した福島県沖を震源とする地震により災害救助法の適用を受け、局地的に多数の建物が崩壊するなど、再建が極めて困難な状況にある地域（宮城県、福島県（全 94 市町村）に所在する事業者に対して加点
事業環境変化加点	ウクライナ情勢や原油価格、LPガス価格等の高騰による影響を受けている事業者に対して加点

【注意事項】

　事業計画書の書面審査に加え、政策加点審査があります。

　パワーアップ型加点や経営力向上計画加点、電子申請加点政策加点などの加点があります。企業努力で加点可能なものも少なくありません。いかに数多くの加点を取るかも採否を分ける要素になります。

第3章

経営デザインシートの
作成ノウハウ
〜株式会社フリーデンの事例をもとに

　経営デザインシートは、大きく４つのパーツから成り立っています。図３－１のとおり、上右左下の４つです。

> **上**：自社のありたい姿を明確にする
> **右**：社会から認められるビジネスを創造する
> **左**：自社の現状を正確に理解する
> **下**：将来と現在の差を埋める

　本章では、経営デザインシートの作成イメージをつかんでいただくために、実際に経営デザインシートを組織的に作成した中小企業（㈱フリーデン）の経営者の皆さんに上記４つのパーツごとにインタビューさせていただきました。まずは、そちらを見ていただきましょう。
　注：**第5章**でご紹介する事例は、インタビューさせていただいた方がそれぞれお一人で経営デザインシートを作成されています。

◆図３－１　経営デザインシートの４つのパーツ

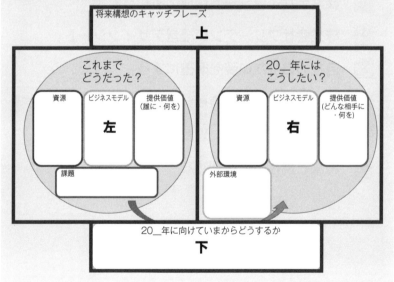

経営デザインシート作成にあたって

　経営デザインシートは、ありたい将来の経営の姿を明らかにするツールです。つまり経営デザインシートは、目的を達成するための手段にすぎません。真面目な方が陥りやすいことですが、この手の雛形を使用する際に「目的と手段が逆になってしまう」、つまり経営デザインシートを作成することを目的にしてしまう（なってしまう）方がいます。この罠に陥らないように次ページ以降を読んでください。

　私は、よく経営者の方に経営デザインシートの作成手順を説明する機会があります。必ずお伝えするのは、「現在ではなく将来を先に考える」、「提供価値→ビジネスモデル→資源の順で考える」ことが重要だということです。あるとき、とある中小企業経営者の方がおっしゃいました。「中村さん、経営デザインシートの本質は作成手順ではないのではないですか。経営デザインシートの本質は、ありたい将来の姿を、外部環境を見据えて制約を持たずに考えることができるところではないですか。その手段の１つとして、考えをまとめる手順がある。でも、思考は本来将来と現在を行ったり来たりするものなので、杓子定規に手順を意識しすぎるとよくないんじゃないですか」と。

　私は、思わず言ってしまいました。「おっしゃる通りです」と。

　ありたい将来の姿を明確にできれば、多少手順やフォーマットが変わっても問題ありません。埋められないところがあっても問題ないのです。そこで作業が止まるより、「先々、埋めなければいけないところ」くらいに認識した方が良い場合が少なくありません。

＜事例企業＞

【株式会社フリーデン　事業概要】

https://www.frieden.jp

➢ 創業：昭和 35 年 5 月 13 日
➢ 資本金：1 億円
➢ 従業員数：約 200 名
➢ 本社：神奈川県平塚市南金目 227
➢ 電話：0463-58-0123
➢ 代表：代表取締役社長　森　延孝
➢ 事業：豚肉の 6 次産業
　豚肉の生産・加工・販売
　仔豚・活豚等の生産・販売
　ハム・ソーセージおよび調理済食肉加工食品の製造販売
　飲食店の経営

養　豚	豚肉販売	加工食品販売	とんかつ屋

インタビュー対象者

小俣　勝彦氏 （専務取締役） 工場・営業・管理部門の統括責任者	安西　哲哉氏 （常務取締役） 営業本部長	緑川　千征氏 （執行役員） 財務部長

2 株式会社フリーデンの経営デザインシート

　経営デザインシートには、全社版と事業版があります。同社の経営デザインシートは、事業版の経営デザインシートです。工場建設が必要になり、その工場の稼働後を起点として作成しました。経営デザインシートは、このような長期的・全社的な視点で経営をデザインしなければいけない事業レベルの課題を解決するためのツールとして使用する場合が少なくありません。本事例は、そのような課題を抱えた中小企業経営者や支援者に参考になる形になっています。

　また、経営デザインシートの作成者数には、2パターンあります。1つ目は中小企業経営者1人のパターンです。第5章の4企業が該当します。2つ目は、複数者のパターンです。本章で取り扱う㈱フリーデンが該当します。いずれも経営コンサルタントのサポートを受けながら自社で作成した事例です。

　本書では、本章の1事例と第5章の4事例を記載していますが、それぞれ作成の仕方が異なるので、そのあたりも比較し参考にしていただくと良いでしょう。

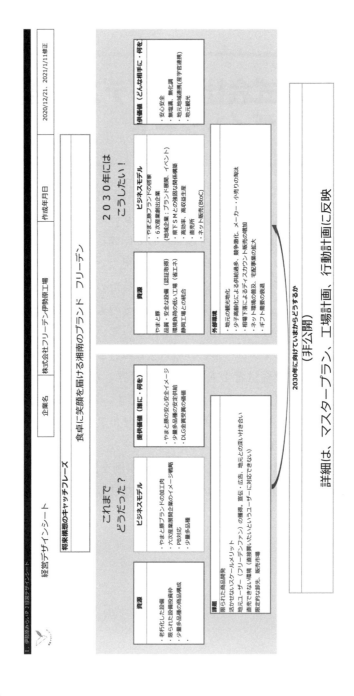

まず貴社の「やまと豚」について教えてください。

安西（常） 当社は、創業社長がおいしい豚肉、品質の良い豚肉を作っていこうということでアメリカで学び、日本で初めて、株式会社で豚肉を生産販売しました。そのときから、やまと豚を扱っています。特徴は３つです。

第１は、原種の自前管理です。一般的な農場は、親豚の原種を購入して豚を生産します。しかし、当社は血統を重視しているので、親豚の原種から自社で生産し、原種から品種改良を行っている点が他の農場と違います（図３−２参照）。

◆図３−２　養豚場での豚の生産

	親豚の原種生産 ➡	親豚生産 ➡	食用豚の生産
一般的な養豚	A 社 ➡	B 社	
㈱フリーデンの養豚	フリーデン		

やまと豚は、あくが出にくく、肉質が柔らかい、臭みがないものに仕上がっています。結果的に ITI（国際味覚審査機構）で７年連続「三ツ星」、ダイヤモンド味覚賞に輝きました（図３−３参照）。

◆図３−３　ITI（国際味覚審査機構）の表彰式シーン

　第２は、農場のスタッフが当社直轄であることです。農場は８農場（図3-4参照）ありますが、すべて当社直轄のスタッフです。

◆図３−４　㈱フリーデンの農場

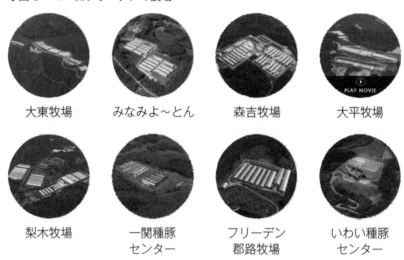

| 大東牧場 | みなみよ〜とん | 森吉牧場 | 大平牧場 |
| 梨木牧場 | 一関種豚センター | フリーデン郡路牧場 | いわい種豚センター |

　第３は、豚肉の６次産業化を豚の生産から商品製造、卸売り、小売り、飲食すべて自前でやっている点です（図３−５参照）。ある程度の規模ですべて自前の豚のみで生産から小売り・飲食までを行っている企業は、全国でも５〜６社程度しかありません。

◆図３−５　㈱フリーデンのサプライチェーン

　なお、安全に関しては、JGAP管理基準をクリアしています（図３

－6参照）。JはJapan、GAPはGood Agricultural Practice（農業生産工程管理）の略です。農林水産省のホームページには、GAPについて「農産物（食品）の安全を確保し、より良い農業経営を実現するために、農業生産において、食品安全だけでなく、環境保全、労働安全等の持続可能性を確保するための生産工程管理の取組です」との解説があります。

◆図3－6　JGAP

Q2　経営デザインシートの作成経緯についてお聞かせください

小俣（専）　（ハムを生産している）いまの伊勢原工場ができて42～3年経つわけですが、だいぶ老朽化しているということと、周辺が住宅地ということで、いろいろ対策にコストがかかっていまして。このような中で近隣の工業団地計画を紹介されまして、「移転したいなー」という思いを持ったわけです。それを長期的な視点でまとめることにしました。

安西（常）　旧伊勢原工場の老朽化がスタートになっているわけです

が、一番頭を悩ませたのは、今までどおりではだめだということで、皆んなで考えるいい機会になったと思います。チームを組んで行うことにしました。

[緑川（執）] 個人のこうしたいああしたいというのを反映することも、意図していました。

[小俣（専）] 2030年に向けて、若い人たちが新しい工場に挑戦できるような戦略を整理整頓するためにも、経営デザインシートをつくりました。

Q3 経営デザインシートの作成を行うにあたって、工夫された点をお聞かせください。

[小俣（専）] 全社的にですね、管理部門、製造部門、営業部門を含めて、共通の目的をもって進めていけたのがよかったのではないかなと思います。経営デザインシートの作成では、次世代を背負っていく、各部門の精鋭を集めました。

[安西（常）] 経営デザインシートを作っていくにあたって、1人が単独で作成したのではありません。工場計画はもとより事業計画というのもありますし、売上や収支構造のすり合わせが大きなポイントだっ

たと思っています。事業計画の作成時に、提供価値やビジネスモデル
を合わせて考えていくのにも使えたと思っています。

[緑川（執）]　専務チームと常務チームに分かれ、管理職に限定せず、
若手にも意見を言わせる工夫をしたことが良かったと思います。役員
が下の意見を引き出したのが良かったと思いますよ。下からこうある
べきと上げられました。

[安西（常）]　若い人と意見交換していくと、どうしても上の者の意見に
迎合してしまうので、そういうことがないように意見を出してもらう環
境づくりが大切でしたが、効果が出たと思います。打合せをするとき
に言ったのは、「2030年には私はいない。いるのはあなたたちなんだ
から、あなたたちがやりたいことを言ってほしい」、ということです。

[緑川（執）]　2チームに競わせたというのは、当社では今までやった
ことがなく、斬新で良かったと思います（図3－7参照）。

◆図3－7　㈱フリーデンの経営デザインシートの作成スタイル

Q4　経営デザインシートの活用方法をお聞かせください。

[小俣（専）]　多部門で作成したので、各部門の課題解決にも役立てて
います。また、今後入社する人たちの教育にも活用する予定です。

[安西（常）]　創業当時から「やまと豚」を生産して、ハム・ソーセー
ジを作るというのは、いままで継続されてきた部分です。今回、経営
デザインシートを作るのは、いままでやってきたことの再確認になる
ということもありますし、ビジネスモデルの中でストロングポイント

やウイークポイントがはっきりすることで、これから先に展開していく方向性を微調整しながら、この先のことを考えていくのにいいツールだったと思います。皆んなが情報共有できましたし、非常に役に立ったんじゃないかなと思います。

緑川（執） 工場の移転を計画した段階では、当初想定した規模の工場を運営するには、売上や利益が足りませんでした。経営デザインシートの作成によって長期的な視点で当社の弱点などを把握でき、それに留まることなく、新商品の事業計画や工場の投資計画などとも連動させたのが良かったですね（**図3-8**参照）。

◆図3-8 ㈱フリーデンの経営デザインシートの位置づけ

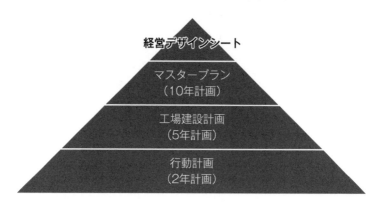

経営デザインシート

マスタープラン
（10年計画）

工場建設計画
（5年計画）

行動計画
（2年計画）

Q5 経営デザインシートを作成されての感想をお聞かせください。

緑川（執） 気づき事項が多かったことと、単に作っちゃうだけでなく、チームごとにプレゼンすることによって、その内容のボリュームアップができるのが良かったことかなと思います。絵に描いた餅になりませんでした。

安西（常） 若い人たちからいろいろ意見はありました。共通した意

見として、「うちって地元に対してのアピールが弱いよね」というものがありまして、次、どうしていったらいいかなーと。彼らの中で目標として意識に入っていったのは非常に良かったなと思います。

Q6 経営デザインシートを作成される中小企業経営者の方へのアドバイスをお願いします。

小俣（専） 皆んなで協力しながら事業を進めていきますので、あまり多人数ではないけれど、ポイントとなる部門部門のメンバーを集めて率直な意見交換をしながら、ご指導をいただきながらまとめていくことが大切なんじゃないかなと。

緑川（執） 人数が多いと発言しない人が出てくる。小プロジェクトを複数作るとみんなが発言できるので、それをまとめていくといいですね。

3 自社のありたい姿を明確にする

最初は経営デザインシートの上にある「将来構想のキャッチフレーズ」、つまり企業経営の基本的な考え方を記載します。

現時点で見える化できていない場合、ここから企業経営を考えることが大切です。

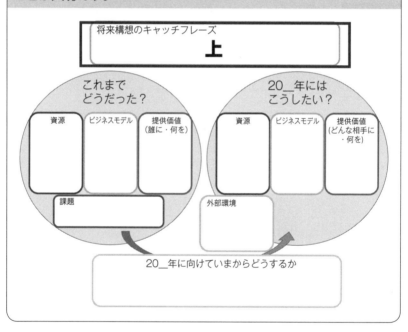

経営デザインシートを作成するにあたって、中小企業経営の基本的な考え方を記載する部分です。

簡易版では、「将来構想のキャッチフレーズ」となっています。記

載内容は、フル版（全社）の記載が参考になるでしょう。フル版（全社）では、表題が「自社の目的・特徴」、「経営方針」となっています。「自社の目的・特徴」は、「企業理念、重視する価値観・ありたい姿、自社が解決しようとする社会的課題、企業文化・企業風土、キャッチフレーズ等を記載する」スペースです。「経営方針」には、「企業理念等の実現のための経営戦略の方向性・基本行動指針、全社目標、KPI 等」を記載します。

（注）上だけは、本書内で作成時に参考となる経営ツールを挙げていません。上を決めるには、社長の思いをはじめいろいろなことを考える必要があります。このように考えること（変数）が多い場合、下手に経営ツールを使うより、直感に従ってまとめたときの方が的確で満足感のあるものが出来上がることが少なくありません。仮に後で作成する右と整合性が取れなかった場合、上や右を調整する必要があります。

「KDS上（キャッチフレーズ）」への経営者コメント

～食卓に笑顔を届ける湘南のブランド　フリーデン～

小俣（専） 今回、「地域」をキャッチフレーズに入れました。いままでは、地域との競合を避けるということで、地域から離れた横浜ですとか、東京ですとか名古屋、大阪ですとか、大都市で販売していたわけですが、神奈川は、東京のベットタウンでもあるので地域にも売っていかなくてはいけないなと考えています。

安西（常） 地元では、近年ベルマーレのスポンサー、神奈中バスのラッピング広告、ららぽーと湘南平塚にトンカツ屋の出店などを行ってきました。地元のスーパー、しまむらさんともいい関係です。もっと、もっと地元で「やまと豚」を知ってほしい。まだまだ地元にはいいものがあるのでコラボレーションしての商品開発を行っていきたい。

小俣（専） 他社商品に比べて、当社の商品は鮮度感のある商品だと思っています。また体に優しい商品作りをしていますので、当社の商品が消費者の方々の明るい団らんにお役に立てれば嬉しいと思っています。併せて、かつて、湘南フリーデンというブランドを作ったことがありまして、全国的にいいイメージをいただいていると思いますので、お客さまの関心のある商品を作りご提案をする、それがフリーデンの立ち位置です。いいキャッチフレーズになったのではないかと思います。

緑川（執） 普段から理念経営を実践していて、経営理念が浸透しているので、プロジェクトメンバー間でブレることなくできたかなと考えています。

社会から認められるビジネスを創造する

2番目は経営デザインシートの右です。社会に認められ、経済価値に置き換えることができる将来のビジネスを創造します。

外部環境、提供価値、ビジネスモデル、資源の順で考えるのが好ましいです。

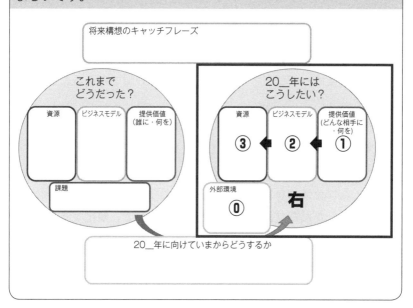

経営デザインシートの作成では、経営の基本的な考え方（上）を埋めてから、他のマスを埋めると作成しやすいでしょう。2番目に埋めるマスは、人によって右からか左からか違ってきますが、まずは右から埋めることをお勧めします。理由は、極力、ありたい企業像を制約

なく考えるためです。

　右のマスには、4つの小マスがあります。経営デザインシートの作成では、その順番が重要です。内閣府のホームページには、①提供価値→②ビジネスモデル→③資源の順で考えるように書かれています。バックキャスト思考と呼ばれるものです。ゴールから逆引きで考えることで、将来のありたい姿を、よりとらわれなく、ものごとを考えることができます。

　右を考えるにあたって注意しなくてはいけないのは、外部環境の位置づけです。ありたい企業像は、あくまでも将来の社会にとって価値あるものでなければ企業として成り立ちません。社会的価値があり、自社にとっても価値のある企業像をイメージできるか否かがカギです。

　このため、上の次に右のマスを埋める際には、はじめは、⓪外部環境→①提供価値→②ビジネスモデル→③資源の順で考えることをお勧めします。

　外部環境の欄には、自社の将来に影響を及ぼしそうな事柄を挙げていきます。最終的には、重要なものを数個選定することになりますが、初期の段階は数にこだわる必要はありません。また、自社の経営にとって、プラスになるのか、マイナスとなるのかも気にする必要はありません。ただただ、現在から将来にわたって、変化することを考えれば良いのです。例えば、「少子高齢化が進むので一人暮らしが増える」、「温暖化が進展するので清涼感を味わうことができる衣料のニーズが高まる」、といったことです。これらを挙げておき、次の提供価値を考えます。

　提供価値の欄には、誰に、どんな価値を提供するのかを書くことになります。ここをうまく定義できている企業がビジネスで成功できる企業です。提供価値の欄を考える際は、自社が市場占有率を高くできる規模のニーズがある市場を決めることが第一歩です。例えば、売上

規模が数億円の企業が「独り暮らしの人が使いやすい家電を提供する。」といった漠然としたことを提供価値としてしまうと、自社の独自性がイメージしにくく、競合の中に埋もれかねません。せめて、「調理の時間やスキルのない独り暮らしの人が早く簡単においしい料理を作れるツール（家電）を提供する」程度の細分化は必要です。

　提供価値が埋められたら、次はビジネスモデルの検討です。市場ニーズのある商品・サービスを提供することを考えても、実際に標的顧客に届けられなければ、ビジネスとして成立しません。提供価値を具体的に提供できるようにビジネスモデルを考えます。ここでは、**第1章4(2)**に挙げた「ビジネスモデルキャンバス」などを活用して適切な収益が上げられるビジネスモデルを考えます。

　ビジネスモデルが埋められたら、最後に資源を埋めます。資源は自社が保有するものに限りません。外部の経営資源も貴社で活用できるものは、資源です。また、他社にビジネスを模倣されないため、参入障壁を高くしておくことは欠かせません。中小企業の場合、大企業と比較すると資金力に乏しいため、設備など物的資産での参入障壁の構築は難しくなります。知的資産（従業員が持つ技能や組織力、顧客とのネットワークなど、P.52の図1－22参照）での参入障壁の構築が現実的です。組織として持っている資産のうちブランドや営業秘密、ノウハウ等の知的財産は、企業の強みとするため掲げておくのが良いでしょう。場合によっては、商標権や特許権として独占できるようにすることを志向するのも有効です。

「KDS 右（2030 年にはこうしたい)」への経営者コメント

小俣（専）　当社商品の特徴は、当社が限定したこだわりの原料を使って、増量したり化学調味料を使わない商品づくりです。これを長く続けています。若い人たちが提供価値に「安心安全」や「無塩漬、無化調」を入れたんで、いままでの戦略が正しかった

んじゃないかと思っています。

　時代も変わってきましたので、地域にも積極的に売っていか
なくてはいけないなと考えています。

緑川（執） 当社の商品の認知度がまだまだ低いので、やまとブ
ランドの認知度を上げなくてはいけないよねと話しています。6
次産業創出企業としての地位を高めたい。作り手（当社）はブラ
ンド力があると思っているかもしれないけど、実はいまいち認知
されていないと明らかになりましたので。

5 自社の現状を正確に理解する

　3番目は、経営デザインシートの左の記載です。

　右と同様に提供価値、ビジネスモデル、資源の順で埋めます。最後に①～③で経営上改善が必要だと感じた点を課題として整理しましょう。

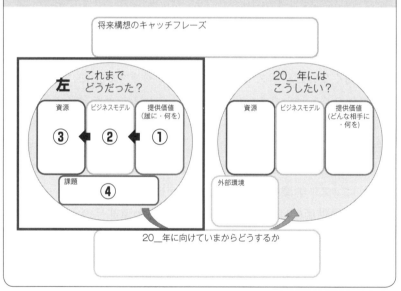

　右が埋められたら、次は左です。ここでは、自社の現状を正確に理解することが重要となります。左で埋めるのは4つの小枠です。右同様、①提供価値、②ビジネスモデル、③資源の順で埋めます。既存事業であっても、顧客が実のところどんな価値を評価しているのか意外と正確に把握できていない企業が少なくありません。いま一度、経

営デザインシートを用いて自社の事業を振り返ってみるのもいいでしょう。あと、左には、④課題を埋める枠があります。右側では、下の小枠である外部環境は先に埋めるのがお勧めと記載しました。しかし、左の下の枠は最後に埋めることをお勧めします。現状認識が正しくできていないと適切な課題が抽出できないためです。

　提供価値の枠には、商品・サービスを通じてどんな価値を提供しているのかを記載します。例えば自動車部品を製造・販売している場合、他社ではなく貴社から購入しているのはなぜかを考えてみると枠を埋めやすいでしょう。部品の精度なのか、納期対応力なのか、価格なのか、もしかしたら長年の継続取引があるため、単に受発注が楽（他社に切り替えるのが面倒）なのかもしれません。この場合、既存顧客からみた貴社の提供価値は、「楽な受発注で自動車部品を提供すること」となってしまい、新規顧客の獲得は難しい一方で競合の参入障壁は高くないビジネスであることがわかります。逆に、貴社が既存顧客にはなくてはならない価値を提供していることを発見することも少なくないでしょう。継続取引を行っている企業間の場合、顧客は融通性を評価している場合があります。短納期であってもすぐに対応してくれるとか、仕様変更をしなければいけなくなったとき、どのようにすればコスト削減や納期短縮が可能か提案してくれるとか……。こうなると提供価値は、自動車メーカーや自動車部品の元請に対する「自動車部品の超短納期提供」とか「最適な自動車部品の提案から提供」となります。このように顧客が評価する提供価値は、商品やサービスに付随する要素である場合が少なくありません。そのような価値は、比較的応用が可能です。右（将来）のビジネスでも強みとして活用可能な要素となります。

　提供価値の枠が埋められたら、次はビジネスモデルです。ビジネスモデルの先に埋めた提供価値をベースに考えます。「自動車部品の超短納期提供」ができているのであれば、自動車部品の製造・販売の場

合、単に材料を調達して製造・販売しているだけではないはずです。そこをいま一度、整理します。すると、現在ビジネスの核だと思っていたことが意外にも重要でなかったり、逆に重要と思っていなかったことが実は重要であると感じることが少なくありません。例えば、部品在庫を持っていたり、日々の生産計画を柔軟に変更できる仕組みがあったり、何かしら長短納期を実現できる原因があることでしょう。

　ビジネスモデルの枠を埋めたら、次は資源です。ビジネスモデルにとって必要不可欠な資源を整理します。物や金のような物的な資源だけでなく、知的資産にも着目することが重要です。その中でも特に知的財産（ブランドや営業秘密、ノウハウ等）の整理は欠かせません。当然、知的財産権（商標権や特許権等）の整理も必要です。すると、自社のビジネスモデルの核が何なのか再確認ができます。実は、熟練技能工の技能や小回りの利く外注先の存在がビジネスモデルの核だったというようなこともよくあります。①提供価値、②ビジネスモデル、③資源が埋まって初めて、④課題自社が見えてくることでしょう。例えば、少数の熟練技能工に依存していることが明らかになった場合、熟練技能工の技能は現在の強みではありますが、将来にわたっては技術伝承が課題になります。実のところ、左は社内の人間ではよく理解できていないことが少なくありません。正確に把握できていない場合、この際、既存顧客に聞いてみるのもいいでしょう。

> ### 「KDS左（これまでどうだった）」への経営者コメント
>
> 緑川（執）　工場建設に関してだと、スケールメリットの問題と、商品開発が追いついていないことがはっきりして、投資しなくてはいけないんだねと。なんでできないんだろうということがはっきりして、メンバーの共通認識として言葉にできたということとありますよね。

6 将来と現在の差を埋める

経営デザインシートの最後は下の記入です。ここでは、将来と現在との差を埋める対策を考えます。まとまったら、経営デザインシートは完成です。その後、経営デザインシートを参考にして事業計画を作成します。

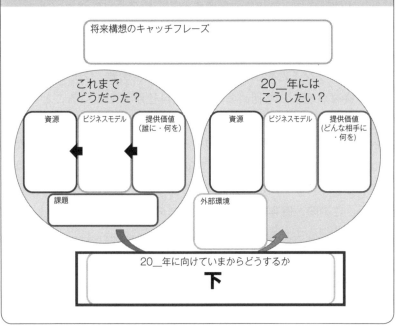

経営デザインシートの上と左右が埋められたら、最後に下を埋めます。ここで考えることは、将来と現在の差を「将来に向けていまからどうするか」です。特にポイントとなる対策を3～5個程度挙げま

す。ここで挙げたものは、今後の貴社の経営戦略になる事柄です。企業経営を決める大局的な事項を挙げることになります。

　まとまったら、経営デザインシートは完成です。具体策を事業計画にします。

KDS 下（これからどうするか）」への経営者コメント

緑川（執）　若い人たちの人材確保がどんどん厳しくなっていると、他の部署からも声が出ていたので、人材確保が新たな課題だと明らかになってきました。さらに、営業の育成もやらなくてはいけないと指示がいただけたのかなと思っています。

小俣（専）　世代世代で考え方が違いますので、そういう意味では人材育成に役に立つと思っています。

安西（常）　移行戦略を作成するにあたって、100％既存のものを否定してということはできないので、残すもの、変えていくもの、つくるものの検討に取り組むのが必要かなと思いました。今回、「いまからどうするか」を考えましたが、工場が建設し終える3～4年後までの間にも、技術革新とかが出てきますので、もしかするとこの中に加わってくるかもしれません。硬直的に考えるのではなく柔軟に考えていきたいですね。

小俣（専）　一定期間ごとに経営デザインシートを見直さないといけません。時代の変化が激しいんで……。見直していかなくてはいけないんだと感じました。

筆者からみた㈱フリーデンの経営デザインシートの作成ポイント

1. 次世代が魅力を感じるものにするため、プロジェクト
   メンバーに少数精鋭の次世代幹部候補生を登用し、その
   方々を中心に 2 チーム制で競わせボトムアップで作成
   したこと
2. 環境変化に対応していくため、今回完成した経営デザ
   インシートを既にブラッシュアップすることを想定して
   いること
3. 当初ハム・ソーセージ専用工場の移転が経営デザイン
   シートのバックキャスト思考の起点であったが、制約を
   外して計画ゼロベースで検討したことによって、最終的
   には、新工場をハム・ソーセージ専用工場とせず、より
   夢のある事業所（秘）にすることにしたこと

第4章

タイプ別にみた
事業計画と
経営デザインシート

　皆さんは、事業計画と経営デザイン、どのタイミングで作成するのが効果的だと思いますか。本章では、事業計画を以下の4タイプに分けた上で、経営デザインシートとの相性について考えます。

1　事業再構築型の事業計画
2　経営革新型の事業計画
3　事業承継型の事業計画
4　経営改善型の事業計画

1 事業再構築型の事業計画

　事業再構築型の補助金は、新型コロナ感染症対策で生まれたものです。事業再構築は、企業存続をかけたものになるため、将来のありたい姿を明確にした上で事業計画をまとめる必要があります。ここで活きるのが経営デザインシートです。このため補助金の中には、経営デザインシートの作成を推奨しているものもあります。

(1) 事業再構築型の事業計画とは

　事業再構築型の事業計画とは、文字どおり事業再構築を行うための事業計画です。本書でいう事業再構築型とは、新型コロナ対策として予算化された中小企業等事業再構築促進事業で示された事業再構築指針の5つの事業活動を指します。

　具体的には、新分野展開、事業転換、業種転換、業態転換、事業再編のことです。なお、事業再編は、新分野展開、事業転換、業種転換、業態転換も含むため、他の4つとは毛色が異なります。定義は以下のとおりです。それぞれの定義にある「主たる」とは、自社の売上構成比率の最も高い事業が標準日本産業分類の産業のことです。業種は大分類、事業は中分類以下を指します。

　新分野展開とは、「中小企業等が主たる業種又は主たる事業を変更することなく、新たな製品を製造し又は新たな商品若しくはサービスを提供することにより、新たな市場に進出する」ことです。ここでい

う「主たる」は、「（自社の）売上高構成比率の最も高い事業が属する、総務省が定める日本標準産業分類に基づく産業」のことを指します。なお、当該事業の売上高は、補助事業完了 5 年後には、全社の売上高の 10％以上になる計画でなければなりません。

事業転換とは、「中小企業等が新たな製品を製造し又は新たな商品若しくはサービスを提供することにより、主たる業種を変更することなく、主たる事業を変更する」ことです。なお、補助事業完了 5 年後に新たな製品等の属する（日本産業分類上の区分の）事業が売上高構成比の最も高い事業となる計画でなければなりません。

業種転換とは、「中小企業等が新たな製品を製造し又は新たな商品若しくはサービスを提供することにより、主たる業種を変更する」ことを指します。なお、補助事業完了 5 年後に新たな製品等の属する業種が売上高構成比の最も高い事業となる計画でなければなりません。

業態転換とは、「製品又は商品若しくはサービスの製造方法又は提供方法を相当程度変更すること」です。業態転換は、事業や業種の変更の有無は関係ありません。なお、補助事業完了 5 年後の売上高は、全社の売上高の 10％以上になる計画でなければなりません。

事業再編とは、「会社法上の組織再編行為等を行い、新たな事業形態のもとに、新分野展開、事業転換、業種転換又は業態転換のいずれかを行う」ことをいいます。組織再編行為等とは、合併、会社分割、株式交換、株式移転、事業譲渡のことです。

◆図4−1　事業再構築上の主たる業種と事業

大	中	小	細分類	
E.　製造業				
↓ 業種転換	09	食料品製造業		
		091	畜産食料品製造業	
		事業転換	0911	部分肉・冷凍肉製造業 （ブロック肉製造業、冷凍食肉製造業）
			0912	肉加工品製造業（ハム製造業・ソーセージ製造業）
		099	その他の食料品製造業	
			0995	冷凍調理食品製造業
M.　宿泊業、飲食サービス業				
	76	飲食店		
		762	専門料理店	
			7625	焼肉店

（日本標準産業分類（平成26年4月1日施行）に基づく）

　参考までに事業活動の区分の仕方について見ていきましょう。

　例えば、図4−1のように現在、0911部分肉・冷凍肉製造業（ブロック肉製造業）を営んでいる中小企業があったとします。0911部分肉・冷凍肉製造業（冷凍食肉製造業）を手がける場合、産業分類は変わらないので、事業転換、業種転換には該当しません。しかし、新分野進出（市場の新規性などが必要）や業態転換（製造方法等の新規性が必要）に該当する可能性があります。

　0912肉加工品製造業（ハム製造業）に参入する場合、補助事業終了5年後の売上高が全社の売上高構成比で最も高い事業になれば事業転換です。そうなっていなくても、新分野進出か業態転換に該当する可能性があります。

　7625 焼肉店に参入する場合、補助事業終了5年後の売上高が全社の売上高構成比で最も高い事業になっていれば業種転換です。そうなっていなくても新分野進出か業態転換に該当する可能性があります。

(2)事業再構築型の補助金で求められる事業計画

　事業再構築型の補助金で求められる事業計画は、例えば、事業補助金の場合、図4－2のようになります。次に記載するものづくり補助金と似たような構成です。

◆図4－2　事業再構築型の補助金で求められる事業計画

事業再構築補助金	
指定フォーム	なし（フリーフォーマット）
計画書の枚数	A4で15頁まで
指定記載項目	公募要領に記載してある項目（実質指定） 1：補助事業の具体的取組内容 Ａ　**事業計画のまとめとして使う** ①　現在の事業の状況、強み・弱み、機会・脅威、事業環境、事業再構築の必要性、事業再構築の具体的内容（提供する製品・サービス、導入する設備、工事等）、今回の補助事業で実施する新分野展開や業態転換、事業・業種転換等の取組み、事業再編またはこれらの取組み 　　事業実施期間内に投資する建物の建設・改修等の予定、機械装置等の型番、取得時期や技術の導入や専門家の助言、研修等の時期 ②　応募申請する枠（通常枠、大規模賃金引上枠、回復・再生応援枠、最低賃金枠、グリーン成長枠、緊急対策枠）と事業再構築の種類（「事業再編型」、「業態転換型」、「新分野展開型」、「事業転換型」、「業種転換型」）に応じて、「事業再構築指針」に沿った事業計画の作成

③ 補助事業を行うことによって、どのように他者、既存事業と差別化し競争力強化が実現するかについて、その方法や仕組み、実施体制など

④ 既存事業の縮小または廃止、省人化により従業員の解雇を伴う場合には、再就職支援の計画等の従業員への適切な配慮の取組みについて

2：将来の展望

B **「2 将来の展望」のまとめとして使う**

（事業化に向けて想定している市場および期待される効果）

① 本事業の成果が寄与すると想定している具体的なユーザー、マーケットおよび市場規模等について、その成果の価格的・性能的な優位性・収益性や課題やリスクとその解決方法など

② 本事業の成果の事業化見込みについて、目標となる時期・売上規模・量産化時の製品等の 価格等

3：本事業で取得する主な資産

① 本事業により取得する主な資産（単価50万円以上の建物、機械装置・システム等）の名称、分類、取得予定価格等

4：収益計画

① 本事業の実施体制、スケジュール、資金調達計画等

② 収益計画（表）における「付加価値額」の算出根拠

C **参考資料として使う**

(3) 事業再構築型の計画での経営デザインシートの役割

事業再構築型の事業計画の構成例は図4−2の通りです。

経営デザインシートは、A〜Cのいずれかの位置に置くのが良いでしょう。

A 事業計画のまとめとして使う

B 「2 将来の展望」のまとめとして使う

C 参考資料として使う

事業再構築補助金の事業計画も、先に挙げた経営革新型の事業計画

と同じような特徴があります。それは、３～５年程度の事業計画を立てることです。長期的、全社的な経営のバランスをみながら経営革新型の事業計画を立てます。効率的な方法が必要です。経営デザインシートは長期的、全社的な視点で自社の経営を簡単、迅速に俯瞰することができます。この点に経営革新型の事業計画策定における経営デザインシートの役割があります。経営革新型の事業計画を立てる場合、経営デザインシートは、その事業計画を立てる際、つまり補助金申請時に作成するのがベストです。

(4)公募要領での経営デザインシートの扱い

　事業再構築補助金では、図４－３のとおり経営デザインシートの使用が推奨されています。次に記載するものづくり補助金と同じ扱いです。

◆図４－３　事業再構築補助金公募要領での経営デザインシートの記載

> 　内閣府において、知財が企業の価値創造メカニズムにおいて果たす役割を的確に評価して経営をデザインするためのツール（経営デザインシート）やその活用事例等を公表しています。事業計画の作成に際し、必要に応じてご活用ください。
> ・首相官邸ホームページ「経営をデザインする（知財のビジネス価値評価）」
> https://www.kantei.go.jp/jp/singi/titeki2/keiei_design/index.html

2 経営革新型の事業計画

　経営革新には５つの段階があります。これに対応する補助金は設備投資型と研究開発型です。それぞれ多額の初期投資が必要となるため、初期の段階で将来も見据えて経営デザインシートを作成する意義は小さくありません。このため補助金の中には、経営デザインシートの作成を推奨しているものもあります。

(1) 経営革新型の事業計画とは

　経営革新型の事業計画とは、文字通り経営革新を行う際に策定する事業計画のことです。本書では、中小企業等経営強化法（後述 **(4)** の〈参考〉）に記載している経営革新の定義を経営革新と呼んでいます。「事業者が新事業活動を行うことにより、その経営の相当程度の向上を図ること」です。具体的には、以下を指します。

　① 　新商品の開発または生産
　② 　新役務（サービス）の開発または提供
　③ 　商品の新たな生産または販売の方式の導入
　④ 　役務（サービス）の新たな提供の方式の導入
　⑤ 　技術に関する研究開発およびその成果の利用その他の新たな事業活動

　本書で扱っている補助金では、主に①〜④に係るものが「設備投資を促進させる補助金」、⑤が「新技術や新サービスを開発させるための補助金」に該当します。

(2) 経営革新型の補助金で求められる事業計画

　経営革新型の補助金では、事業計画に求められるものが、個々の補助金によって異なります。例えば、本書で扱った「ものづくり補助金」と東京都の「設備投資助成金」の事業計画で求められることは大きくは変わりません。しかし事業計画の書き方は、大きく異なります。それは記載すべきことを、こと細かに示しているかどうかの違いです。双方の事業計画書は図4－4の構成になるように示されています。

◆図4－4　ものづくり補助金と設備助成金の事業計画書

ものづくり補助金	
指定フォーム	なし（フリーフォーマット）
計画書の枚数	A4で10頁まで
指定記載項目	参考様式に記載してある項目（実質指定） ■その1：補助事業の具体的取組内容 ①　本事業の目的・手段について、今までの自社での取組みの経緯・内容をはじめ、今回の補助事業で機械装置等を取得しなければならない必要性 　また、課題を解決するため不可欠な、工程ごとの開発内容、材料や機械装置等を明確にしながら、具体的な目標およびその具体的な達成手段 　事業期間内に投資する機械装置等の型番、取得時期や技術の導入時期についての詳細なスケジュール ②　応募申請する事業分野に応じて、事業計画と「中小企業の特定ものづくり基盤技術の高度化に関する指針」または「中小サービス事業者の生産性向上のためのガイドライン」との関連性 ③　本事業を行うことによって、どのように他者と差別化し競争力強化が実現するかについて、その方法や仕組み、実施体制等 ■その2：将来の展望

（事業化に向けて想定している市場及び期待される効果）

① 本事業の成果が寄与すると想定している具体的な
ユーザー、マーケットおよび市場規模等について、そ
の成果の価格的・性能的な優位性・収益性や現在の市
場規模

② 本事業の成果の事業化見込みについて、目標となる
時期・売上規模・量産化時の製品等の価格等

■その３：会社全体の事業計画

① 会社全体の事業計画（表）における「付加価値額」
や「給与支給総額」等の算出根拠

東京都の設備投資事業（助成金）	
指定フォーム	あり（指定記載項目ごとに記載欄あり）
計画書の枚数	A4でおおむね10枚まで
指定記載項目	① 企業の事業概要6項目 ② 本助成事業の事業計画2項目 ③ 目的との適合性 ④ 事業計画の優秀性2項目 ⑤ 事業計画の実現性3項目 ⑥ 事業計画実施後の成長・発展性3項目 ⑦ 事業計画の妥当性2項目 ⑧ 法令上必要な許認可・届出等6項目 上記以外に定量的な収支計画等がある

(3) 経営革新型の計画での経営デザインシートの役割

　上記（図４−４参照）のとおり、経営革新型の事業計画で求めら
れる事業計画の体裁は社内で活用する事業計画とは異なります。それ
は、外部の人に見せることを第一の目的としているためです。しか
し、記載すべき基本的なところは変わりません。３〜５年程度の計画
期間にすることが多いです。この計画期間で問題になってくる点はど
こでしょうか。それは計画年数と投資回収期間の差です。経営革新型
の設備投資は、一般的に設備の耐用年数からみて５年以上活用するこ

とが少なくありません。投資額が大きく経営に与える影響も少なくないことでしょう。事業が1つしかない企業の場合、補助金申請時に立てる事業計画が全社の事業計画と同じになるので、計画範囲的には問題ありませんが、複数の事業を手掛けている場合、この投資を中心に全社の数値計画をまとめたりするのは、リスクが少なくありません。それは他の事業の将来を精査しきれていないことが少なくないためです。設備投資に補助金が出るということで、ついつい全社的、長期的な視点が欠けてしまいかねません。かと言って、複数の事業を手掛けている企業が手間暇かけて、1つの事業の設備投資を行う際に全社の経営計画を立てたり、まして10年程度の長期計画を立てるのもどうかと思います。

　長期的、全社的な経営のバランスをとりながら経営革新型の事業計画を立てられれば良いので、効率的な方法が必要です。この点、経営デザインシートは長期的、全社的な視点で自社の経営を簡単、迅速に俯瞰することができます。この点に経営革新型の事業計画策定における経営デザインシートの役割があります。なお、経営革新型の事業計画を立てる場合、経営デザインシートは、その事業計画を立てる際、つまり補助金申請時に行うのがベストです。

⑷ 公募要領での経営デザインシートの扱い

　ものづくり補助金では、公募要領に経営デザインシートが参考ツールとして図4－5のとおり記載されています。先に挙げた事業再構築補助金と同じ扱いです。

◆図4-5　ものづくり補助金公募要領での経営デザインシートの記載

> 　内閣府において、知財が企業の価値創造メカニズムにおいて果たす役割を的確に評価して経営をデザインするためのツール（経営デザインシート）やその活用事例等を公表しています。事業計画の作成に際し、必要に応じてご活用ください。
> ・首相官邸HP「経営をデザインする（知財のビジネス価値評価）」
> https://www.kantei.go.jp/jp/singi/titeki2/keiei_design/index.html

【参考】中小企業等経営強化法

　本法の目的は、「中小企業等の多様で活力ある成長発展が経済の活性化に果たす役割の重要性に鑑み、新たに設立された企業の事業活動並びに中小企業等の経営革新、経営力向上、先端設備等導入及び事業継続力強化の支援を行うことにより、中小企業等の経営強化を図り、もって国民経済の健全な発展に資すること」です。図4-6のとおり多くの中小企業施策のもととなっています。

　このうち、図4-6のNo3~5の制度では過去から現在にかけて、当該事業の申請で出した事業計画が認定や承認された場合に補助金制度の加点になったことがあります。加点のみでなく、設備投資に関わって、即時償却や固定資産税の減免などの税制優遇を受けられるため、補助金申請に併せて活用する企業も少なくありません。今後も新たな中小企業政策が本法から出た場合、補助金制度の加点になる可能性があります。なお、図4-6のNo3~5の事業計画は、記載が簡単な上、中小企業庁から作成のマニュアルが出ているため、比較的簡単に作成することができます。

◆図4－6 中小企業等経営強化法の基本方針記載項目

No	中小企業政策	概　要	主な中小企業施策
1	新設立企業の事業活動促進（第3条1項）	事業活動の促進と社外高度人材活用新事業分野開拓	中小企業投資育成株式の特例、租税特別措置法の特例、社外高度人材活用新事業分野開拓計画の認定、中小企業信用保険法の特例等
2	経営革新（第3条2項イ）	新商品開発・生産、新役務の開発・提供 新生産・販売方式導入、役務の新提供の方式の導入	都道府県の経営革新計画（参考2）の承認
			政府系金融機関の特例、税制優遇等
3	経営力向上（第3条2項ロ）	現有または事業承継等で得た資源の高度利用の事業活動	経営力向上計画の認定、事業再編投資計画の認定
4	先端設備等の導入の促進（第3条3項ロ）	市町村が定める同意導入促進基本計画に該当する投資	中小企業信用保険法の特例、税制優遇等
5	事業継続力強化（第3条4項）	自然災害等に対応（親会社、公的機関等の連携含む）する計画	事業継続力強化計画の認定に基づく中小企業信用保険法・中小企業投資育成株式会社法・中小企業倒産防止共済法の特例、税制優遇

　中小企業政策の変遷とともによく改正されます。本書で引用しているのは施行日、令和4年4月1日（令和3年法律第70号による改正）です。

【参考】経営革新計画

　図4－6の2で出てくる経営革新計画では、現在、大型の補助金制度がついていませんが、計画自体はしっかりした内容のものが

求められます。補助金の種類によっては、本計画の承認を得ることによって、加点されるものもあるほどです。経営革新計画は、都道府県で実施しているため、それぞれ運用に違いが出てきます。事業計画の雛形も同じではありません。しかし、根拠法が同じため、最低限記載しなくてはいけない項目は同じです。一般の中小企業者が記載しなくてはいけない項目は以下になります。

① 経営革新の目標

② 経営革新による経営の向上の程度を示す指標

③ 経営革新の内容および実施時期

④ 経営革新を実施するために必要な資金の額およびその調達方法

3 事業承継型の事業計画

> 　現在、中小企業経営者の平均年齢が上がっています。承継がうまくいかず企業存続ができなくなった企業も少なくありません。これは、かつてのような親族内承継が難しくなった企業が多いためです。この関係で、M&A など従来少なかった事業承継のパターンが多くなりました。結果的に補助金申請で求められる事業計画も他の補助金と違います。場合によっては補助金申請時だけでなく、その後に経営をデザインすることも必要になってきます。

(1) 事業承継型の事業計画とは

　事業承継型の事業計画は、経営革新型の事業計画で解説した中小企業等経営強化法に記載されている事業承継等を行う計画のことです。

　事業承継等には、①吸収合併、②新設合併、③吸収分割、④新設分割、⑤株式交換、⑥株式移転、⑦事業または資産の譲受け、⑧他の特定事業者等の株式または持分の取得、⑨事業協同組合、企業組合または協業組合の設立があります。

　本書で記載した事業承継・引継ぎ補助金の場合、承継後の事業をどのように行うのかを記載しなくてはなりません。実質的な事業計画です。経営革新型や事業再構築型よりも企業全体に及ぶものが多くなります。

(2) 事業承継型の補助金で求められる事業計画

　事業承継・引継ぎ補助金では、経営革新事業と専門家活用、廃業・再チャレンジ事業それぞれ求められるものが異なりますが、承継後の事業について記載することは同じです。

　本補助金には、交付申請時の申請フォーム項目のエクセルシートがあります。例えば、専門家活用型の記載項目は 350 行を超えるものです。しかし、実際に承継後の事業計画に係る部分の記載は多くなりません。特に重要なのは、①計画内容（経営資源引継ぎの概要）、②引継ぎの目的・必要性、③買収によるシナジー、シナジーの達成可能性等です。このうち、③は、自由記述で「公募要領の「審査・選考」を参考に、詳細に入力ください」となっています。

　それぞれ、記載例が示されています（図４－７参照）。

◆図４－７　事業承継・引継ぎ補助金の事業計画部分の記載例

計画内容（経営資源引継ぎの概要）
【想定スキーム】 ・株主が保有する対象会社の株式 100％を株式譲渡する。 ・支配株主が所有する事務所について処分する。 【スケジュール】 XX 月　専門家選定 XX 月　意向表明書提出、基本合意、デューデリジェンス XX 月　最終契約書締結、クロージング、廃業手続き
引継ぎの目的・必要性
当社は主に国内メーカーからの化粧品の製造受託を行っていたが、昨今のコロナの影響で２月以降の取引先からの受託量は前年の 50％を下回っており、一部返済を待ってもらっているなど資金繰りにも影響が出ている。オーナー兼代表取締役を務める自身も今年で 70 歳を迎え、社内・親族に後継者もいないことから、廃業も視野に入れて会社と従業員の引継ぎ先を探していたところ、既存の２工場のうち１工場の譲渡前提にて国内の化粧品メーカー１社が手を挙げてくれたため、現在仲介業者

を交えて交渉を進めている。残りの工場は処分の上、廃業予定である。

買収によるシナジー、シナジーの達成可能性等

　対象会社の経営資源を引き継ぐことで、対象会社は経営課題であった従業員の雇用や取引先との取引を維持することができ、また受注の安定化を図ることができると考える。当社についても、これまで中国工場へ委託していた製造の内製化により安定した商品供給が可能となる。また対象会社は高い技術力・品質の高さで知られており、商品品質についても向上が見込まれることから、課題であった品質についてのクレームやネガティブな口コミも減少すると考える。今後は「安価かつ高品質商品」としてのイメージ浸透を図り、海外圏に対しても販路を拡大したい。

⑶ 事業承継型の計画での経営デザインシートの役割

　事業承継・引継ぎ補助金では、事業計画が必要になりますが、他の計画と比較すると事業計画と呼べるほどしっかりとした内容ではありません。

　事業承継は、企業全体の方向性を決めるものなので、詳細な情報が要らないという側面もあるでしょう。また、事業承継は、情報の機密性が高いため、あまり外部に出すのは好ましくない、とか承継前には、情報を精緻に得られない場合があるなどの事業承継ならではの特性も影響しているかもしれません。

　実際の事業承継では、初期のころの計画以上にPMI（Post Merger Integration）の出来が成否を分けることが少なくありません。PMIとは、経営統合後の新会社の企業価値向上に向けた統合プロセスのことです。経営理念から経営戦略、戦術、組織、業務、システム、技術など経営全般に及びます。

　この事業承継の流れの中で、経営デザインシートの役割は何でしょうか。事業承継型の計画の場合、経営デザインシートが役立つのは初期のころだけではありません。事業承継後も効果を発揮するものです。実のところ、事業承継は必ずしも100％満足のいく形で行える

ものではありません。それは、買収側、被買収側ともに相手方企業の内部情報を完全に把握することが難しいためです。このため、事業承継後、当初、想定していなかったことを発見したり、起きたりすることで予定通りにいかなくなることもあります。経営デザインシートは、このようなときに事業承継の全体像を把握するのに役立つのです。

【参考】わが国の事業承継の状況

ここでは 2022 年中小企業白書をみてみましょう。

わが国の休廃業・解散件数と経営者平均年齢の推移をみると、以下の通り共に上昇しています。経営者の平均年齢は、図4－8のとおり 2020 年で 62.5 歳です。休廃業・解散件数増加は、経営者の高齢化が要因の1つとなっています。

◆図4－8　わが国の休廃業・解散件数と経営者の平均年齢の推移

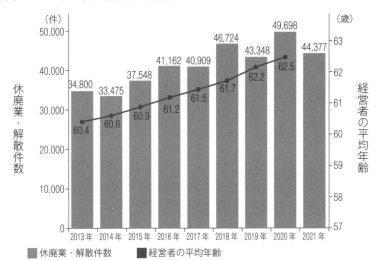

（（株）東京商工リサーチ「2021 年「休廃業・解散企業」動向調査」、「全国社長の年齢調査」より）

（注）経営者の平均年齢は 2020 年までを集計している。

（「2020 年中小企業白書」より）

　図 4 − 8 のとおりわが国の経営者の平均年齢は年々上がるとともに休廃業率、解散件数とも増加傾向にあります。また、図 4 − 9 のとおり後継者不在率は、近年ようやく下がってきましたが、まだまだ高い状況にあります。

◆図 4 − 9　後継者不在率の推移

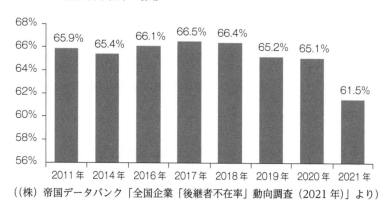

（（株）帝国データバンク「全国企業「後継者不在率」動向調査（2021 年）」より）

　中小企業白書では、「経営者の高齢化が企業の存続だけでなく試行錯誤（トライアンドエラー）を阻害する」と記載しています（図 4 − 10 参照）。

　わが国の事業承継はこのような状況にあるため、国が積極的に事業承継を推進することになりました。その 1 つの施策として、事業承継・引継補助金があります。

◆図4-10 経営者年齢別に見た、試行錯誤を許容する組織風土の有無

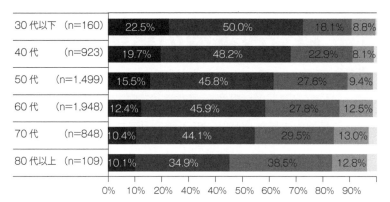

■十分当てはまる ■ある程度当てはまる ■どちらとも言えない ■あまり当てはまらない □全く当てはまらない

((株) 東京商工リサーチ「中小企業の財務・経営及び事業承継に関するアンケート」
（2020年11月）より）

4 経営改善型の事業計画

経営改善型の事業計画とは、借入金の返済を第一に考えた事業計画です。補助金では、外部専門家の力を借りて作成する事業計画の作成費用が出ます。事業計画の中身は必ずしもバラ色ではありません。将来に希望が持てるように、ありたい未来を創造する経営デザインシートを作成するのはとても意義のあることです。一方で、経営改善計画の作成初期のころに立案しても実効性が保証されません。このため、経営デザインシートはある程度経営改善の目途が立った時点からの作成も視野に入ってきます。

(1) 経営改善型の事業計画とは

経営力改善型の事業計画とは、文字どおり自社の改善計画を行うための計画です。他の補助金活用まで作成する計画と異なり、経営改善の計画が金融機関に受け入れられないと企業の存続にも影響しかねないものです。

補助金を活用した経営改善計画のステップは図４−11の①〜③のとおりです。

◆図4−11　経営改善計画と経営デザインシート

| ①計画策定段階 | ②計画実行段階 | ③計画終了後 |

	①計画策定段階	②計画実行段階	③計画終了後
目的	企業継続と早期資金繰改善	経営改善を計画通り進める	自主的な経営の再開
計画承認者	実質メインバンクをはじめとする金融機関	同左	計画立案の当事者
思考の起点	現在（財務状態）	経営改善計画（計画達成がみえた段階で将来がみられる）	将来を見られる
あるべき姿	事業継続可能な計画になっていること	経営改善計画と同等以上の成果が出ていること	自社にとって、ありたい姿
計画内容	財務・会計面の計画重視	財務・会計面の計画達成度重視	夢のある計画

　それぞれ目的や思考の起点等はステップごとに特徴があります。経営改善計画の場合、経営デザインシートの作成は、計画初期とは限りません。理由は、経営改善計画を作成する場合、必ずしも自社の思い通りの計画が立てられるわけではないためです。

⑵ 経営改善型の補助金で求められる事業計画

　ここでは、405事業（**第2章2⑹**経営を改善させるための補助金）で参照されることの多い経営改善計画書をみていきます。ポスコロ事業は、後述の＜補足＞をご覧ください。

　中小企業庁のホームページに掲載されている「経営改善計画書のサンプル【原則版】」の構成は次の通りです。

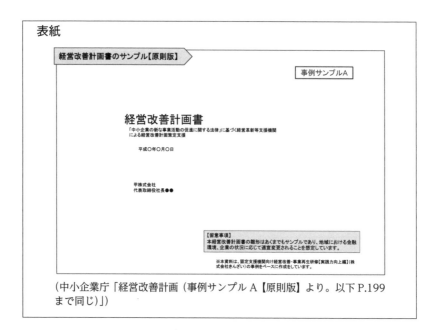

（中小企業庁「経営改善計画（事例サンプル A【原則版】より。以下 P.199 まで同じ）」）

　経営改善計画は、1 ページ目右上に記載があるように外部専門家である私たち「認定支援機関」が計画の作成を支援し、「社長」が検証する流れで作ります。発行元は、経営改善を行う企業であり、その社長です。当然、「認定支援機関が作成したので知らない」は通じません。

　中小企業庁のホームページには、経営改善計画の原則版と簡易版が掲載されています。個人的には、金融機関に金融支援を依頼するのに簡易版というのはどうかと思っているので、以下では、原則版をベースに解説していきます。なお、原則版はあくまでも原則であって、そのときどきの状況に応じた内容にして問題ありません。

1ページ目

経営改善計画書のサンプル【原則版】　　　　　　認定支援機関作成支援⇒社長検証

はじめに

当社は、昭和52年1月に××県△△市に創業以来、36年間にわたって、独立系の自動車部品の3次請負メーカーとして、自動車用ホイールの切削加工業を営んで参りました。自動車の国内生産台数の増加にあわせ当社の売上高も順調に増加しておりましたところ、

実情に応じて適宜記載

度の大幅な受注減に見舞われ、平成24年5月度には3年振りの営業赤字に陥るとともに、結果として新工場は過剰設備となり、資金繰りにも苦慮する事態となりました。
　こうした事情により、取引金融機関様のご理解とご協力を仰ぐべく、本事業再生計画書（以下「本書」という）を策定いたしました。

　本書に記載しましたとおり、今後は当社の課題である「営業体制の強化」「さらなる経費削減」「旧工場の処分」に取り組み、事業面及び財務面での再構築を行い、再建を図っていく所存です。

　取引金融機関様におかれましては、何卒ご理解ご支援を賜りますようお願い申し上げます。

平成25年●月●日
甲株式会社
代表取締役社長　●●

「はじめに」で金融機関に伝えることは、以下です。

＜ポイント１＞企業の沿革。資金繰りが厳しいことを含める。

　「当社は、昭和52年１月に……。……結果として新工場は過剰設備となり、資金繰りにも苦慮する事態となりました。」

　このくだりは意外と重要です。新型コロナやウクライナ侵攻などの突発的な要因であればまだしも、放漫経営などで資金繰りが悪化していた場合、経営責任が問題になることが少なくありません。

＜ポイント２＞金融機関に金融支援をお願いしたいこと

　「こうした事情により、取引金融機関様のご理解とご協力を仰ぐべく、本事業再生計画書（以下「本書」という。）を策定いたしました。」

　一般の経営計画と経営改善計画の一番の違いはここです。経営改善計画は、金融機関に金融支援を依頼するための書類なので、このくだりは外せません。金融支援が前提なので、「新規事業を行いための追加融資を行ってほしい」など金融機関が追

加でリスクを負わなければならなくなるようなことは記載して
も絶望的なほど通りません。

＜ポイント３＞金融支援を行っていただく条件として、以下を行
う約束を示す

　「今後は当社の課題である「営業体制の強化」「さらなる経費
削減」「旧工場の処分」に取り組み、事業面および財務面での
再構築を行い、再建を図っていく所存です。」

　ここでのポイントは、財務面の再構築を行うために、聖域を
設けず必要不可欠な対策を講じていくとすることです。例えば
「さらなる経費削減」では、真っ先に役員報酬の減額を行うこ
とが一般的です。「旧工場の処分」とありますが、遊休資産の
現金化は必須といえます。さらに不採算事業に係る資産の売却
なども入れることが多いです。

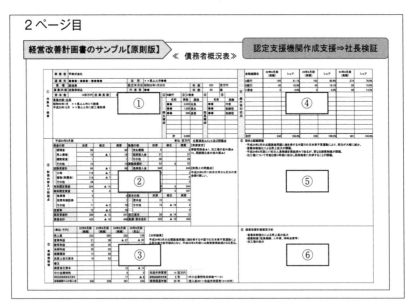

　２ページ目は債務者概況表です。以下のようなものを記載します。

サンプルの右上にあるように、認定支援機関が原案を作成して社長が
検証するのが一般的な作成手順です。

① 対象先・概要

② 財務内容および問題点

　貸借対照表とそれに対する「主要項目コメントおよび問題点」を記
載する部分です。サンプルでは、以下のコメント等があります。

＜資産査定＞

・滞留売掛金▲１

　　資産に売掛金１百万円計上されているものの入金が滞っている
　ことを表しています。要は、当該売掛金に資産価値があるのか怪し
　いと評価しているということです。

・旧工場の含み損▲14

　　旧工場の建物と土地の資産価値が284百万円と計上されていま
　すが、実際（時価）は、270百万円しかない、つまり旧工場は、
　決算書の金額より14百万円資産価値が少ないことを示しています。

＜財務上の問題点＞

　　「……約弁正常化も足元の資金繰り厳しい」

　　いったん、借入の際に取り決めた金融機関との返済方法が守れず
　リスケ（利子や元本返済時期の後ろ倒し）等になりましたが、いま
　は、正常に返済できるようになっています。しかし、ここにきて、
　また返済が厳しくなってきました。ということを表しています。

③ 業績推移等

　業績（損益計算書）と財務面の実績を記載します。

　経営改善計画で特徴的な指標は以下です。

・収益弁済原資：

　　年間の収益のうち、返済に充てられる額のことです。税引き後当
　期純利益と年間の減価償却費を足したものなどが使用されます。

・債務超過解消年数：5年

　債務超過とは、貸借対照表において、「資産」の合計金額よりも「負債」の合計金額が大きい状態のことです。経営改善計画上これを解消できる年数のことを債務超過解消年数といいます。債務超過になると借入金の返済が難しくなるので、金融機関からの目が大変厳しくなることはいうまでもありません。

④　銀行取引状況

　経営改善計画では、借入金融機関に金融支援を行うことになります。これをすべて記載します。中にはメインバンクのみとの1行取引もありますが、数多くの金融機関との取引があるところも少なくありません。日本政策金融公庫などの政府系金融機関との取引があるところも多く存在します。

⑤　現状と認識課題

　「はじめに」に記載した、金融支援を行っていただくことになった背景を記載します。

・「平成24年3月の尖閣諸島問題に端を発する中国での日本車不買運動により、受注が大幅に減少」

・「平成24年9月期に17名の人員削減を実施済みであるが、さらなる経費削減が課題」

⑥　経営改善計画策定方針

　「e. 現状と認識課題」を受けて金融支援を行っていただく条件となる経営改善計画策定方針を記載します。

・営業体制強化による売上高の拡大

・経費削減（役員報酬、人件費、消耗品費等）

・旧工場の処分

3ページ目

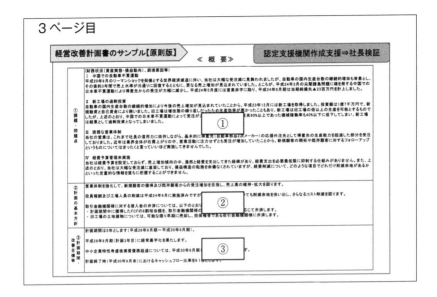

3ページ目には経営改善計画の概要を記載します。

記載内容は、①課題・問題点、②計画の基本方針、③計画期間・改善目標です。

4ページ目

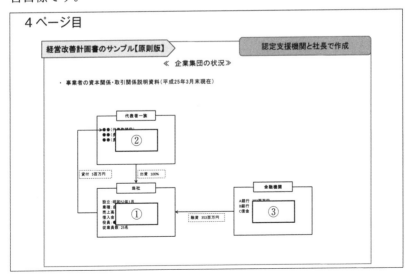

　4ページ目に記載するのは、「企業集団の状況」です。計画策定企業（①当社）を取り巻く資本関係を記載します。サンプルは極めて一般的な資金の流れです。一般的に出資は身内（②代表者一族）から行い、借入を③金融機関から行うことが多い傾向にあります。

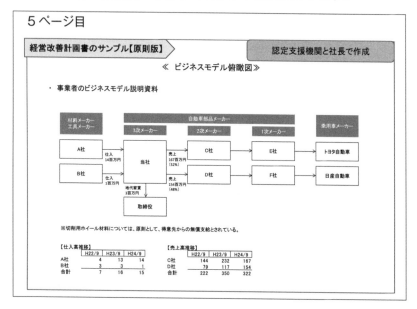

　5ページ目に記載するのは、ビジネスモデル俯瞰図です。商品やサービスを提供するまでの流れを示しています。資金の説明を行う資料なので、当然、数値面（仕入額や売上高等）の記載も必要です。お金や物、情報など経営資源の各要素に分解して記載することもあります。これまでと異なり、認定支援機関が原案を作成して社長が検証するのではありません。認定支援機関と社長で作成します。これは外部の人間には内部のお金の流れを把握しにくい部分があるためです。改めて社長にお金の流れをよく再確認していただくという効果も見逃せません。

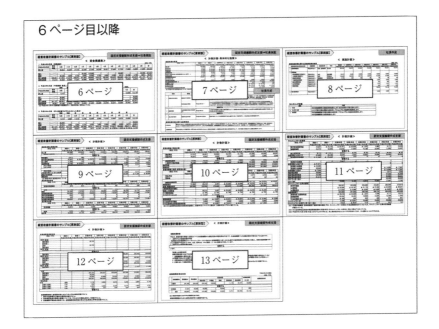

6ページ目以降に記載するのは、数値の明細です。

【6ページ】資金実績表

サンプルの表題は、実績とありますが、以下を記載します。

ⓐ 売上高と借入、返済、借入金残高、現預金　残高の実績
（過去12か月）

ⓑ 同、金融支援（ここでは返済猶予）が行われた際の今期の見通し（実績と見通し）

ⓒ 同、金融支援（ここでは返済猶予）が行われなかった際の今期の見通し（実績と見通し）

【7ページ】計数計画・具体的な施策

　数値計画と具体的な施策を記載します。「数値計画」で一般的なのは、売上や財務面を過去2期程度と当期、計画期間（サンプルでは5年）記載することです。ここでは、「中小企業特性反映後実質準資産」

なるものも示します。中小企業の場合、中小企業と社長個人は切っても切れない関係があるため、社長の資産や負債を加味しないと中小企業の実態を反映しません。これを反映させます。中小企業にとってプラスになるのは、社長個人の自宅の土地や不動産、社長からの借入などです。逆に社長が住宅ローンなどの負債を抱えている場合、マイナス評価します。それぞれ評価は、時価ベースです。

「具体的な施策」でのポイントは、いままでの項目と異なり、社長作成となっている点です。これは、経営改善計画が絵にかいたモチにならないように社長自ら特にしっかり検討するための措置でもあります。

【8 ページ】実施計画

「経営計画の具体的な内容」で挙げた各項目の内訳を項目と実施時期、実施責任者、科目と期ごと（サンプルの場合5年）の金額効果を記載します。作成者は社長です。ここも社長が責任を持って考えることになります。内訳は、例えば経費削減の場合、役員報酬の削減などです。一番削減額が多いのは社長の役員報酬等になります。実施計画には、「モニタリング計画」を入れるのが一般的です。経営改善計画を計画通りに進めるのは楽ではありません。このため経営改善計画の進捗をフォローし、問題があれば是正措置を行う仕組みを事前に考えておくことが重要になってくるためです。

【9 ページ～11 ページ】計数計画

認定支援機関が作成します。記載内容は、過去2期と当期、計画期間の期別の損益計画と課税所得、製造原価報告書、販管費の明細、貸借対照表、キャッシュフロー計算書等です。

【12 ページ・13 ページ】計数計画（金融機関向け）

　経営改善計画の肝となる部分になります。ここも作成は認定支援機関で社長ではありません。金融機関別返済計画に記載するのは、金融機関別に過去 2 期と当期、計画期間の期別の返済計画です。借入ごとでなくても問題ありませんが、少なくとも短期借入・長期借入別にはします。記載項目は、期首残高と新規借入、返済、期末残高です。

　金融支援計画は、金融機関別に記載します。サンプルでは、「A 銀行からの金融支援の内容」として、「返済額は各計画期間のフリーキャッシュフロー（FCF）の 80％に金融機関借入金に占める A 銀行の融資残高の比率を乗じた額とし、従前の返済額○千円からの軽減が予定されています。なお、金利は 2.4％（短期）、2.0％（長期）を予定しています。」とあります。

　平たくいうと、「従前の返済額○千円からの軽減」は、返済を少なくしてください。「金利は 2.4％（短期）、2.0％（長期）」は、金利をここまで下げてください。ということです。

＜補足＞ポスコロ事業（早期経営改善計画）

　ポスコロ事業は、本格的な経営改善計画を立てる前段階にある中小企業が立てるものです。このため中小企業庁のポスコロ事業の経営改善計画書のサンプルは非常にシンプルになっています（図 4

◆図 4 － 12　405 事業とポスコロ事業の経営改善計画書の内容比較

数値＝ページ数	表紙	はじめに	債務者概況表	概要	企業集団の状況	ビジネスモデル俯瞰図	資金実績表	具体的な施策 計数計画・	実施計画	計数計画
405 事業	1	1	1	1	1	1	1	1	1	5
ポスコロ事業	1	0	0	0	1	1	0	1	1	1

－12参照）。

⑶ 経営改善型の計画と経営デザインシートの役割

　先に挙げたのが経営改善計画の中身です。皆さんは、この数値計画の中に、経営デザインシートの右で描きたい夢のある「ありたい未来」を反映させることは可能だと思いますか。

　答えは「NO」です。本計画は、資金が枯渇して、企業の存続が危うくなったり、なりそうになっていたりする中小企業が金融機関向けに提出します。中には金融支援、つまり返済額を減らしてもらったり、返済予定を後ろ倒し（リスケ）してもらったりすることが必要です。金融機関側からしたら、資金繰りが正常な先と比較すると、とてもありがたくない内容が含まれている計画であることが少なくありません。このため、経営改善計画は、現金化できるものは現金化し、役員報酬などの経費は削りに削り、それでも返済が滞るので、「どうか支援してください。」というための根拠資料にするのが一般的です。将来の夢に向けた確証のない投資は、認められません。バンクミーティングなどで新事業の融資を依頼しようものなら、「そんな投資ができるくらいなら返済原資に回してください。」と言われるのがおちです。

　このような計画がある一方、中小企業経営者としては、夢もみたいと考えるのではないでしょうか。ここで活用するのが、経営デザインシートです。作成タイミングは、経営改善計画と同時期と言いたいところではありますが、真に実のある内容にするためには、ある程度経営改善計画の実績が出てきた段階、もしくは計画完了段階が良いでしょう。

【参考】経営改善の予備群

　経営改善予備群の存在は、2022年版中小企業白書から読み取ることができます（図4－13参照）。

　近年、新型コロナ感染症の影響により業績が悪い中小企業は少な

くありません。しかし、以下の図のとおり、倒産件数は減っています。

◆図4－13　倒産件数の推移

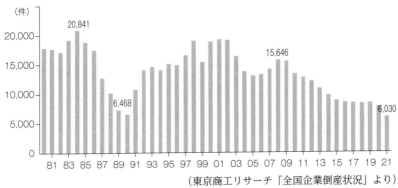

(東京商工リサーチ「全国企業倒産状況」より)

(注) 1. 倒産とは、企業が債務の支払不能に陥ったり、経済活動を続けることが困難になった状態となること。また、私的整理（取引停止処分、内整理）も倒産に含まれる。
　　　2. 負債総額1,000万円以上の倒産が集計対象。

これは国が資金面で支援を行っているためです。このため図4－14のとおり、いま中小企業向け貸し出し残高は増加傾向にあります。急激に景気が良くなり、資金繰りが改善された場合は別ですが、今後中小企業では、経営改善を余儀なくされるところが少なくありません。この予兆は、国や地方自治体でつかんでいるため、様々な施策が講じられています。その1つが405事業です。

◆図 4 − 14　中小企業向け貸出残高

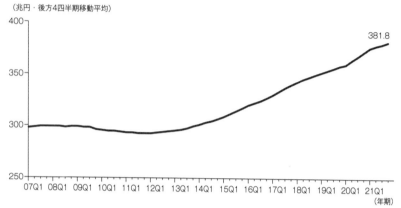

（日本銀行「貸出先別貸出金」より）

第5章

中小企業経営者
インタビュー

　ここまで読まれた読者の方の中には、本書の内容は経営コンサルタント（中小企業診断士）が言っていることで、中小企業経営者はどう感じているかわからない。中小企業経営者の生の声が聴きたいと思われた方がいらっしゃるのではないでしょうか。

　そこで、本章では、補助金活用前後に経営デザインシートを作成した中小企業経営者の皆さまに登場していただき、実際にどのような企業がどのような場面で使用されているのかをご確認いただきます。

　ここで取り上げさせていただいた事例は、経営コンサルタントのサポートを受けながら、中小企業経営者お1人で作成されたものです。ラフな初版は全社1時間以内で作成されています。作成された経営デザインシートは、補助金申請時の事業計画に反映させたり、補助金を使った事業計画を実行する際に、大枠を関係者に周知を図ったりするときなどに使用されました。

	企 業	作成者	活用した補助金
1	熊手蜂蜜㈱	土肥常務	ものづくり補助金
2	㈱てっぺん	和田社長	事業再構築補助金
3	㈲横浜国際教育学院	和泉取締役	もの補助＋事業再構築
4	㈱アクトキャップ	花﨑社長	事業承継補助金

事例 1 熊手蜂蜜株式会社 （ものづくり補助金 活用企業）

～ヒアリング対象者～

常務取締役　土肥　昌修氏

1971年熊本県生まれ
高級輸入車の営業を経て、まったく異業種の熊手蜂蜜に入社。以来18年間、消費者向けの営業経験を活かし、下請け体質から、攻めのBtoC体質に企業の方針を大きく転換。
世界中の産地、養蜂家を訪れ関係を構築し、独自の販売手法でお客さま目線での販売活動を模索中。

　皆さんは、ウクライナ侵攻が始まる前、ウクライナが世界地図のどこにあるか指で指せましたか？　私は無理でした。いままで何百という中小企業とお仕事をさせていただいたにも関わらず、ほとんど意識に留まることのなかった国です。当時の認識は「たしか、ロシアから分かれたから、ロシアに隣接しているのかな」という程度ではなかったかと思います。

　今回、パンドラの箱が開きました。そうすると、ウクライナとの取引ができないと企業経営に大きな影響を与えかねないという中小企業が続出したのです。熊手蜂蜜㈱もそのうちの1社と言えるでしょう。

　ロシア発のウクライナ侵攻に限らず、いままで安定成長を続けてきた企業が、じわじわと押し寄せる環境問題や中国発の新型コロナ感染症等の世界的な出来事の影響を受けて、従来の経営を見直さなくてはいけなくなる。そんな事態が、多くの中小企業で起きています。事業

領域が日本国内、日本のある地域や街の中小企業にも火の粉が降りかかってくる時代になったのです。

　熊手蜂蜜㈱の事例は、ウクライナ関連については抜粋して第1章でも取り上げていますので、本章のインタビューとともにご欄いただくと、日本は経済で世界とつながっているということが改めて認識できるでしょう。

【熊手蜂蜜株式会社　事業概要】
URL：https://www.kumate.co.jp/
➢ 創業：昭和11年4月1日
➢ 資本金：3,600万円
➢ 従業員数：16名
➢ 本社：福岡県久留米市南薫町1562
➢ 佐賀工場：佐賀県三養基郡上峰町大字堤1903
➢ 電話：0952-52-6225
➢ 代表：代表取締役　熊手 洋行
➢ 事業：蜂蜜の製造・販売

ウクライナ産	カナダ産	中国産
国産はちみつ	ハンガリー産	ニュージーランド産

※　一斗缶は BtoB 用のためカナダ産、中国産のように同一デザインが多い。

　熊手蜂蜜㈱では、経営デザインシートを、ものづくり補助金の申請前に作成しています。ものづくり補助金で経営デザインシートの作成を推奨しているのは先に記載したとおりです。当然、申請時に添付する事業計画書の中にも経営デザインシートを入れています。

　しかし、熊手蜂蜜㈱の土肥常務は、採択確率を上げたいために経営デザインシートを作成したのではありません。後述のインタビューにもあるように、「経営デザインシートを使ってアウトプットすることによってありたい姿に向けて、必要となるプラスアルファに気づけるところが効果です。」と語られています。つまり経営デザインシートの作成は、自社や社会にとって、より有益な事業計画を生み出すために取り組まれたのです。

　私は、同社を取り巻く経営環境が複雑でかつ不透明な状況であったため、物事をシンプルにして、将来を考えつくすために必要不可欠なツールだったのだろうと感じています。

 貴社の事業をご紹介ください。

　九州でやってる蜂蜜屋なんですけど、今年で創業から85年、まあ古くからやっている蜂蜜の専門会社です。強みは、提携してる養蜂家が世界中にいることです。結果、蜂蜜をお客さまに届けられ、中間マージンがいりません。事業には3本の柱があります。そのうちBtoBが2つですね。全国のいろんなスーパーさんとか生協さんとか百貨店さんとかに販売するのが1つ。もう1つは業務用って言って、タレのメーカーさんだったり、飲料のメーカーさん、お菓子のメーカーさん、そういうところ向けに大きい一斗缶っていうんですけど、そういうので定期的に納品しています。BtoCは通信販売とか電話などによる通信販売事業。この3本の柱を基本的な構成としてやっています。

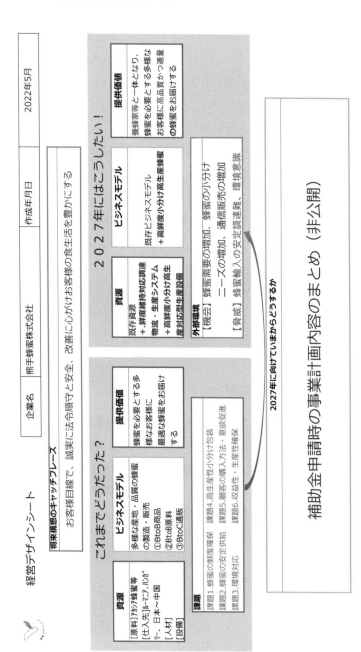

経営デザインシート

| 企業名 | 熊手蜂蜜株式会社 | 作成年月日 | 2022年5月 |

将来構想のキャッチフレーズ

お客様目線で、誠実に法令順守と安全、改善にこんがりお客様の食生活を豊かにする

これまでどうだった？

資源等

[原料]7カ？蜂蜜等
[仕入先]ﾏﾚｰ,ﾏﾚｱﾙﾊﾞﾆｱ, ｲﾝﾄﾞ
ﾘｰ、日本～中国
[人材]
[設備]

ビジネスモデル

多様な産地・品質の蜂蜜
の製造・販売
①BtoB商品
②BtoB原料
③BtoC通販

提供価値

蜂蜜を必要とする多
様なお客様に
最適な蜂蜜をお届け
する

課題

課題1.蜂蜜の鮮度を確保　課題4.高生産性小分け包装
課題2.蜂蜜の安定供給　課題5.顧客の購入方法・意欲促進
課題3.環境対応　課題6.収益性・生産性確保

2027年にはこうしたい！

資源

既存資源
＋鮮度維持対応調達
物流・生産システム
＋高鮮度小分け高生
産対応型生産設備

ビジネスモデル

既存ビジネスモデル
＋高鮮度小分け高生産蜂蜜

提供価値

養蜂家等と一体となり、
蜂蜜を必要とする多様な
お客様に高品質かつ通量
の蜂蜜をお届けする

外部環境

【機会】蜂蜜需要の増加、蜂蜜の小分け
ニーズの増加、通信販売の増加

【脅威】蜂蜜輸入の安定調達難、環境意識

2027年に向けていまからどうするか

補助金申請時の事業計画内容のまとめ（非公開）

◆図5−1　熊手蜂蜜㈱のビジネスモデル

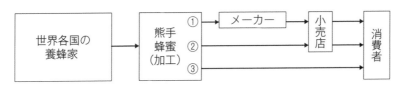

Q2 今回、補助金を申請することになった経緯を教えてください。

　SDGsとか環境問題とかあって、うちも2年前からFSC（森の資源を守るために厳しく管理された木材を使った）認証マークの紙ギフト箱にするとかそういうのに取り組んできたんです。また、いま販売している容器がプラスチックの少し頑丈なタイプなんですけれども、プラスチックの使用量が多いので、環境に貢献できるように、プラスチックの使用量が少なくて済むスパウトタイプの袋に変えることを考えたんです。

　数を詰めるなら手で作業していては追い付かないので、機械による作業を検討しました。ものづくり補助金のことは以前から知っていましたので、そういうのを利用して導入できないかなと考えたのがきっかけです。

　それに加え、新型コロナで蜂蜜のニーズが増え、さらにウクライナ情勢の影響で新たなニーズも沸き起こってきて小分けのニーズが多くなり、今回、新商品開発に向けて、もの補助に申請しました。

◆図 5 - 2　近年の熊手蜂蜜㈱を取り巻く経営環境

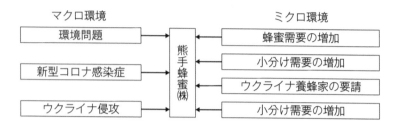

Q3 **蜂蜜の小分けニーズが起きてきた経緯を、もう少しご説明いただけないでしょうか。**

当社は、いま容量が大きいものを届けていて……。

まず、新型コロナ感染症で新しいお客さんが増えてきたんです。いままで蜂蜜を食べていなかったお客さんから、蜂蜜は健康にいいし、コロナ禍で免疫力をあげなくてはいけないということで注文が入ってくる。ただ、いきなり 2 キロの蜂蜜を買うのはハードルが高すぎるというお客さんもいます。既存のお客さんでも、「私は、2 本か 3 本でいいかな」とか「いろんな種類が食べたいので、1 種類ごと小分けに販売してほしい」と、当然、味の話も出ています。

ウクライナ侵攻では、（2022 年）2 月の末以降、売上が 3 倍くらいに伸びたんですよ。お客さんの声を聞くと、応援したい……、と。寄付もしたけど農産物を買って食べてあげたら、ちょっとでも応援になるんじゃないかと。いいお客さんが多いんですよ。個人のお客さんの方がウクライナを応援したいというのがありましたね。

今後は、お客さんのニーズに合わせた量を売るという形が大事だと思うんです。例えば、お店で売っているものは 300g とか 500g とかメーカーが決めてるじゃないですか。でも、お客さんのニーズって違うんじゃないかなって思うんです。2kg を売っているウチが言うのは、おかしいんですけど（笑）。

Q4 貴社のウクライナ産の蜂蜜は、どういう位置づけにあるんでしょうか。

　ウクライナの農家とは、2016年ごろから関係があるんです。2016年にウクライナに行ったんですけど、その1年半後ぐらいにはウクライナの農家の社長など5人がわざわざ日本まで来てくれたんですよ。何で来てくれたのかというと、私が日本の蜂蜜屋さんで初めてウクライナに行ったためで、社長が「ウクライナによく来てくれた。日本からは初めてだ。お前がわざわざウクライナに初めて来てくれたから自分も日本の工場に絶対数年以内に行く、お前との約束だ」と。本当に来ていただけるとは。費用がものすごくかかるんで。物価も違うので本当に来てくれるのかなと思っていたけど。それが本当に来てくれたんです。そして工場に着いて第一声「お前と約束したことを俺は守ったぞ」と言ってくれたんです。

　ウチとはそういう関係なんです。(2022年) 2月24日にロシアがウクライナに侵攻して、日本にはウクライナ産の蜂蜜はまったく入って来てないと思うんです。正直、ほかの蜂蜜屋さんは戦争しているような国から買えないと言っている。でも、ウチは売ってくれるうちは続ける。まぁちょっと他社とは関係性が違うというのがありますね。ウクライナの方も助かっているでしょうね。経済が大事ですから、人間はお金が回らないと生活できませんから。そういう意味でも、農作物を少しでも買ってあげて応援すると。ウチは、正直高い値段で買ってあげたんです。そしたらすごいお礼のメールが来まして。「絶対にあきらめない」と一言ありました。そういうのは他社では真似できないと。そしたらもう、「絶対にあきらめない」と、どうにかやっぱりやらないといけないと。

Q5 経営デザインシートのキャッチフレーズ「食生活を豊かにする」とは、具体的にいうとどんなことでしょうか。

　やっぱり、蜂蜜って嗜好品ですんでね、お客さんはこれが好きだというものをまず選べることが大切だと。そして、それを安定的に供給できることが重要だと思うんです。蜂蜜がなくなったら買うっていう人もいらっしゃれば、定期的に届けてほしいというニーズもあるんですよ。ウチは家族全員で絶対１か月にこれぐらいの量を使ってると。だから毎月買いにいらっしゃらないといけないので、定期購買の仕組みを入れることによって安定的に蜂蜜をご提供する。そういう部分でも食を豊かにすると考えています。

◆図５－３　熊手蜂蜜㈱の特割コース

（熊手蜂蜜㈱ホームページより）

Q6 経営デザインシートを作成された効果があればお聞かせください。

　経営デザインシートは文字で起こせるので、アウトプットじゃないですけど、そういう部分では、自分自身でも再認識しやすいというのがありますかね。自分の頭の中で理解・認識できなかったことがわかるようなところがありますよね。補助金をもらった後の計画を立てる要素としては大きいですよね。当たり前のことをやって企業が継続できるほど甘くはないですからね。

これは大きいですね

経営デザインシートを使ってアウトプットすることによって、ありたい姿に向けて必要となるプラスアルファに気づけるところに効果があります。

＜補足＞

　熊手蜂蜜㈱は、補助金で得た設備等を活用し、無事計画どおりの新商品の立ち上げに成功した。本書の校正段階では、新商品の販売にあたってはウェブ通信販売大手と連携し、ウクライナ商品の特集を組むことで進んでいる。

事例 2 株式会社てっぺん
（事業再構築補助金　活用企業）

~ヒアリング対象者~

代表取締役　和田 裕直氏

1987 年、長野県上田市生まれ。エコール辻調理師専門学校卒業後、渡仏。

三つ星フランス料理店で修行後、東京の恵比寿一つ星レストランで修行。

22 歳でてっぺんに出会い、人が輝いて働くことの重要性を知る。店長、総料理長を経て、現在社長として社員の可能性およびお客様への感動を追求し続ける。

　㈱てっぺんは、居酒屋と教育事業を行っている中小企業です。今回、新たに取り組むのは、サウナとフィットネス事業です。これを聞くと読者の皆さんは、不思議に思いませんか。「なぜ、居酒屋や教育事業を行っている企業がサウナやフィットネスクラブなんだろう」と。これに関しては、和田社長が以下のようにおっしゃっています。

　「㈱てっぺんは基本的に社会課題の解決のために立ち上がった会社です。いま、世の中は健康志向に転換してきています。いまの社会課題は、自殺の削減です。ぶっちゃけ4月から8月にかけて死亡率1位は自殺なんです。まず心の健康状態ですね。そして、体の状態。特に免疫力向上が健康志向に重要となってくると思うんです。

　従来、居酒屋や教育事業で心の状態の向上を図ってきました。奇しくも新型コロナ感染症で主力の居酒屋事業が苦戦しています。今回、いい機会なので、体の向上も図っていこうと思ったわけです。」

いかがでしょうか。すごくないですか。

私は、初めて伺ったとき、度肝を抜かれました。

㈱てっぺんでは、経営デザインシートを補助金申請前に作成しています。補助金申請用の事業計画書にも記載しています。しかし、その効果は、事例1企業同様に補助金の採択確率を上げるためではありませんでした。

【株式会社てっぺん　事業概要】
https://teppen.co
➢ 設立：2003年7月7日
➢ 資本金：500万円
➢ 従業員数：23名
➢ 本社：東京都渋谷区上原2-47-18ビームビル5F
➢ 電話：03-6407-8439
➢ 代表：代表取締役　和田 裕直
➢ 事業：飲食店経営、研修事業
・てっぺん渋谷男道場：渋谷区宇田川町37-13下田ビル
・てっぺん渋谷女道場：渋谷区宇田川町41-23
・てっぺん大和：目黒区自由が丘1-26-3自由が丘升本ビル

　後述のインタビューの中でも紹介していますが、「経営デザイン
シートを知り、今回の新事業をこうやって言葉に書き起こしていくと
具現化されていく。……やっぱり（自分の考えていたことは正しい。
今回の投資は）やるべきだと思いましたね。」と発言されています。
和田社長は、経営デザインシートを自らの意思決定に活用されまし
た。

Q1　貴社の事業をご説明いただけますでしょうか。

　弊社は今年で 19 年目になるんですけれども、創業代表の大嶋啓介
が「居酒屋は不平不満を語る場所ではなくて、夢や目標を語りながら
乾杯してほしい、そういった場所をつくりたい」という想いで創業し
たのが私たちの会社です。その中でも「夢とありがとうで日本人を明
るく元気にしたい」そういったビジョンがあり、それに向けた事業展
開を心がけています。

　私たちのお店では、スタッ
フがいつも元気に接客をさせ
ていただいたりとか、このお
店に来たらなんか元気になっ
ちゃうんだよねとか、まあそ
ういった場所を、日本の居酒
屋の在り方としてつくってい
きたいという思いで、この 19
年間ずっとやってきました。

Q2　貴社は居酒屋を皮切りに、その後研修事業に入られまし
　　　たが、なぜ研修だったのでしょうか。

日本人を明るく元気にしたいっていう志がある中で一番大切なこと

経営デザインシート

| 企業名 | (株)てっぺん | | 2022年3月1日 |

将来構想のキャッチフレーズ

[グループ理念]「人生が変わる貢献を」の達成に向けて
~渋谷発、「体の状態の向上」を図る新規ビジネスの構築~

下線：再構築で追加・変更箇所

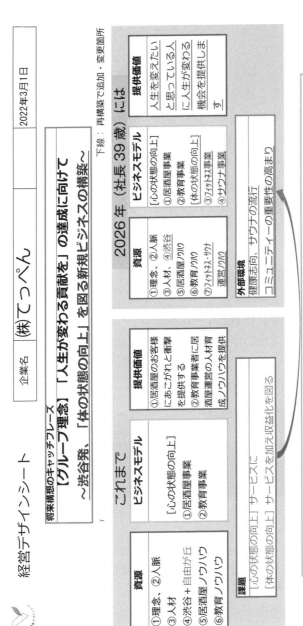

これまで

資源
① 理念、② 人脈
③ 人材
④ 渋谷＋自由が丘
⑤ 居酒屋ノウハウ
⑥ 教育ノウハウ

ビジネスモデル
[心の状態の向上]
① 居酒屋事業
② 教育事業

提供価値
① 居酒屋のお客様
に心をこがれと衝撃
を提供する
② 教育事業お客に居
酒屋運営の人材育
成ノウハウを提供

課題
[心の状態の向上] サービスに
[体の状態の向上] サービスを加え収益化を図る

2026年（社長 39歳）には

資源
① 理念、② 人脈
③ 人材、④ 渋谷
⑤ 居酒屋ノウハウ
⑥ 教育ノウハウ
⑦ フィットネス・サウナ
運営ノウハウ

ビジネスモデル
[心の状態の向上]
① 居酒屋事業
② 教育事業
[体の状態の向上]
③ フィットネス事業
④ サウナ事業

提供価値
人生を変えたい
と思っている人
に人生が変わる
機会を提供しま
す

外部環境
健康志向、サウナの流行
コミュニティーの重要性の高まり

2028年に向けていまからどうするか

補助金申請時の事業計画内容のまとめ（非公開）

は、まず働いている私たちが元気であるべきですし、笑顔であるべきだと考えています。

「夢とありがとう」という理念なので、お客さまに対しての感謝とかがあるべきなんだと思うんですよね。

手前味噌なんですけれども、ひと昔前に有名になったのが、弊社の「本気の朝礼」という、朝礼を通して元気になる取組みです。それ以外にも、お客さまに対しての感謝力ですとか、一人ひとりがどうやったら輝いて働けるかとか、どうやったらチームワークが良くなって、１つの目標に向かってみんなで目標達成ができるようなチームになるかといった研修もたくさんやっています。

ありがたいことに、たくさんの同業の方々から、どうやったらこんなメンバーに育つのかという話や、自分もこういうチームを作りたいんだという話をたくさんいただきます。

私たちが行ってきた研修とか人材教育のノウハウを、皆さまと一緒に共有したいという思いで作ったのがこの研修事業なんです。

◆図５－４ ㈱てっぺんの５つの研修事業

> お店に来て、弊社スタッフと共に朝礼を体験できる「朝礼研修」
> 弊社スタッフが企業様・学校・団体様にお伺いし朝礼を体験できる「出張朝礼」
> てっぺんの店舗に入り、体験しながら働き方を学べる「お預かり研修」
> 飲食店様向け、弊社スタッフが貴店舗でOJTを行います。リーダーの在り方・店長育成を学べる「出向事業」
> 17年に渡る人材育成の経験を究極のメソッドとして学ぶ3日間！「てっぺん人材育成プログラム」

（㈱てっぺんホームページより）

Q3 キャッチフレーズのところにグループ理念が入っていますが、こちらを新たに作られた経緯とはどういうようなところにあったんでしょうか。

弊社は、創業当初から「お客さまの人生が変わるような居酒屋を体験してもらいたい」ということでずっとやってきたんですが、なかな

か居酒屋にいて人生が変わる経験ってないじゃないですか。でもありがたいことにたくさんのお客さまから、「人生が変わりました」と言ってくださってですね。私たちも関わったすべての方の人生が本当に少しでも良くなるような貢献をしたいと考えています。この中で、これから私たちが手がける新しい事業だったりとか、店舗だったり、人生が変わる貢献を、できることであれば㈱てっぺんとして取り組もうということで、今回このグループ理念を作りました。

Q4 居酒屋事業と教育事業、サウナ、フィットネスの関係はどのようにお考えなんでしょうか。

弊社が一番主軸としてやってきたのが飲食事業だったんですけれども、世界を大きく巻き込んで何かしらの事業をやりたいと思っていました。先ほども申し上げた通り、お客さまの人生が少しでも良くなるようなことなら、コロナ禍が終わった後も本気で力を入れてやっていけるだろうと考えたのです。

例えば弊社の既存店舗の飲食店は、来ていただいたら、こんな風に働きたいとか、私もこんな人たちみたいに夢をもって頑張りたいと

か、心の状態が 0 から 100 になるような事業だと考えています。研修事業もそうですね。

　サウナは脳科学的にも証明されているんですが、心の状態がマイナスの方が 0 に戻れる、医療でも実証されている医療行為です。サウナに入ることで、体の向上だけでなく、心の状態がマイナスから 0 に戻れるんですね。

　フィットネスは、少しふくよかな方が自分の体を鍛え、自信のプロポーションに自信が持てると、人生が変わるんですよね。プラス思考になるんですよ。体を鍛えるともちろん体が健康にもなりますし、それも人生が変わる貢献だなと。

　これらの事業をすべて組み合わせて、弊社がお客さまと共に事業を行わせていただくことで、お客さまの人生が本当に何か少しでも変わるような貢献ができるんじゃないかということで、今回この 2 つの事業に挑戦しようと考えています。

◆図 5 − 5　㈱てっぺんのビジネスモデル

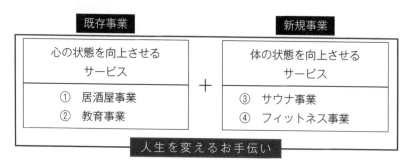

Q5　**サウナの入り方にもコツがあるようなんですけれど、その辺を少し伺ってよろしいでしょうか。**

　正直私も、サウナのことを全然理解していなかった人間です。知れば知るほど思うんですけれども、日本人の 8 割ぐらいの方がサウナ

の正しい入り方というのを知らないと思います。正しい入り方はまず
体を洗い、サウナに入って、その後水風呂に入ってさらに外気浴をす
る。これが1セットになります。外気浴ではお風呂の中に椅子とか
がありまして、そこに座ってボーっとする。これを3セットから4
セットしていただくっていうのが正しい入り方なんですね。じゃあな
ぜこれをしなければならないかというとですね、人間って一種の動物
だとすると暑い100℃ぐらいのサウナに入ると生命維持機能が働い
てここに居ると自分の命が危ないと感じるんですね。今まで例えば不
安があったり、仕事で失敗したとか、あとは近々大きな商談が待って
るとか。1日に使うほぼ1/3のカロリーを脳が使うと言われている
んですけれども、100℃くらいの暑さを体験すると、そういった悩み
だったり、不安だったりといったものをいったん忘れないといけな
い、この状況で生きなきゃいけないって脳が勝手に、それらのことは
忘れて生きるためだけに集中する。これは交感神経が優位になってい
る状態なんですけれど、さらにその後すぐに水風呂に入ると、生命維
持機能がさっきまでは熱いっていうところに適応しようとしたのに、
今度は真逆の冷たいものに振れて、さらに交感神経が働いて、いろい
ろなものを忘れる。そのあとベンチに腰を下ろした時に初めて生命が
安全な場所に来たと錯覚して副交感神経にスイッチが入り、精神が安
定していく、それを3セットから4セットやると、例えば自律神経失
調症や統合失調症の方々の状態が良くなるというデータがあります。

 **経営デザインシートの右側が39歳になっていますが、39
歳には、どういうこだわりがあるんでしょうか。**

　まだ弊社の社員にもあまりしゃべってないんですけど、いまもまだ
居酒屋事業が一番の柱になります。現場のメンバーと共に全力で走れ
る年が僕の中では、39かなあと思っています。若い子たちと一緒に
働きますので、どれだけ距離感を縮めてみんなの目線で一緒に頑張っ

たとしても、みんなの中では 40 になったらやっぱり社長になっちゃうんだなって自分の中では思ってまして。なので若いメンバーと共に、全力で走れる新しいリーダーというのがやっぱり生まれてくるべきだと思います。居酒屋の社長を引き渡してもやっていけるような状態を作るというのも、私の使命なのかなと思っています。39 までにいろいろ手がけながら、より全力で走れる状態を作っていけるのがこの 39 設定になっています（笑）。

Q7 今回、経営デザインシートを使用された感想をいただけないでしょうか。

コロナが始まって世界中の常識が変わり始めた時、自分も会社の何か大きな変革を求められているのだとすぐに感じていました。ですが何をすべきなのか、何をすべきではないのか、とても迷っている時期もありました。お客さんの人生に関わるような事業は絶対したいなと思っていた中で、フィットネスやサウナっていうところに行き着いて、「これだ」って思ったんですね。

経営デザインシートを知り、今回の新事業をこうやって言葉に書き起こしていくと具現化されていくので、自分の中で、それを実現させるためには何に挑戦していかなきゃいけないのかっていうことが明確になりました。世界はやっぱり健康志向に向いていくんだっていうの

決断に役立ちますね

もそのときに見つけたり、自分が思っているビジョンというのは間違いじゃなかったんだなってすごく感じました。やっぱりやるべきだと決めることができましたね。

Q8 貴社が経営デザインシートを作成されてから9か月ほど経過しました。実際に補助金を活用して事業を立ち上げられている現在、経営デザインシートに記載したことを変えようと思っている部分はありますか。

ブレなくなります

世の中では、新型コロナ感染症やウクライナ侵攻、猛暑などいろいろなことが起こっていますが、経営デザインシートに記載したことは、基本的なことなので、変えようと思っていることはありません。

＜補足＞

㈱てっぺんは、事業再構築補助金を活用して、以下をオープンした。

渋谷区宇田川 29-7 ゼンモール渋谷

7階：大衆浴場サウナ「サウナ道場」

8階：プライベートサウナ「Corleone（コルレオーネ）」

9階：都度払いフィットネス「Vertex（バーテックス）」

事例3 有限会社横浜国際教育学院
（事業再構築&ものづくり補助金　活用企業）

~ヒアリング対象者~　　　　　　取締役・事業統括部部長　和泉 將一氏

1996年慶応義塾大学環境情報学部卒、株式会社博報堂入社。海外営業部で欧米、中国、東南アジアで展開する広告に従事。1999年、博報堂初の社内ベンチャーとして株式会社インディビジオを設立、出向。日本初のコミック配信サイトの立ち上げ、音楽／アニメ／キャラクター開発／映画などのコンテンツビジネスで事業を拡大。2005年から株式会社マッドハウスで国内外のアニメビジネス、2012年からタカラトミー中国（上海）の副社長として玩具ビジネス、2016年から有限会社横浜国際教育学院で教育ビジネスに携わる。

　皆さんは、ある日突然、いままでの事業ができなくなるという経験をお持ちですか。「いままではなかったけど、新型コロナ感染症の影響で体験してしまった」という方は多いかもしれません。

　私の周りでも、新型コロナ感染症の初期のころ、「昨日、出店していたショッピングセンターが閉じられ、営業ができなくなった。この先どうなるのかわからない、どうしたらいいですか。」と嘆く飲食店の社長、「当社企画物の旅行が催行できなくなったので、預かっていたお金を返金しなくてはいけないけど、準備で使ってしまってお金がない。どうしよう」と呆然とする旅行会社社長など、お話を伺うのも辛い状況に置かれた方が少なくありませんでした。

　新型コロナ感染症の被害が長引くと、20年近く経営コンサルをさせていただいている私でも、初耳のことが少なくありませんでした。

「（社長）売上がマイナスなんです。これから3か月はこの状態が続くんです」、「（中村）前年と比較して売上がマイナスなんですか」、「（社長）違うんです。売上がマイナスなんです」、「（中村）え？」、「（社長）サブスクでお金をいただいたもののサービスを提供できないため、売上戻し・返金が発生し続けているんです」、「（中村）…。」

「営業再開のめどが立ちません。いまなら廃業しても従業員に退職金が払えます。30年やってきた。ここで会社を潰したくない。ここで借金したら、延命できます。でも業績を回復させられなかったら倒産です。こうなると、従業員には退職金を払うこともできません。どうしたらいいでしょう」。このような話を何十件、何百件と聞きました。

本事例の㈲横浜国際教育学院は、正にそのような状況に追い込まれた企業の1つです。日本語をリアルの場で教えたくても、生徒が日本に入って来られない、再開の目途はつかない……。

私が知っている日本語学校は、コロナ禍で対応が2つに割れました。静かに新型コロナ感染症が過ぎ去るのを待つ企業と、これをチャンスととらえ果敢に攻めようとする企業。㈲横浜国際教育学院は後者です。次世代経営者は、いままで温めてきたビジネスを広げるチャンスだととらえられました。私は、補助金を活用して新たなビジネスを世界に広げる話を伺ったとき、事業のスケールの大きさにびっくりしました。

経営デザインシートは補助金申請時の事業計画の作成にも役立ちますが、補助金採択後のフォローにも役立てられます。㈲横浜国際教育学院では、今後、補助金で得た資源をもとに、事業計画を推進していくことになります。そのような中で従業員を巻き込み、大きな目標を達成するためには、従業員の誰もが理解し共感しやすいような長期経営の道筋を経営デザインシートで示すのは、意義あることでしょう。

【有限会社横浜国際教育学院　事業概要】
URL：https://yiea.com
➤ 設立：1989 年 2 月 10 日
➤ 資本金：1,000 万円
➤ 従業員数：25 名
➤ 本社：横浜市西区宮崎町 43 番地
➤ 電話：045-250-3656
➤ 代表：理事長　和泉　雅人
➤ 事業：日本語学校（横浜、東京）

日本語教師	授業風景

寮生活	コロナ禍の授業

Q1　キャッチフレーズと提供価値について教えてください。

　ちょっと長くなってしまうんですが、やっぱり日本と海外との架け橋になる、人を育てるっていう感覚があるので。2025 年まではアジア向けになりますけど、2027 年ってなるともうアジアだけじゃなくて英語圏も含めてですね。まあ世界まで行っちゃいます。

経営デザインシート

| 企業名 | 有限会社横浜国際教育学院 | 作成年月日 | 2022年6月 |

将来構想のキャッチフレーズ

日本語教育を通じて、日本と海外との懸け橋になる国際人材を育てる

これまでどうだった？

資源	ビジネスモデル	提供価値
①日本人日本語教師 (81名) ②日本語教室 (東京、横浜) ③留学代理店 (292社)	東京と横浜での 日本語学校運営	進学希望の留学生の 皆様への日本語学習 機会

課題

来日できない外国人に対しても 日本後教育を行うこと

2027年にはこうしたい！

資源	ビジネスモデル	提供価値
①日本人日本語教師 ②日本語教室 ③留学代理店 ④ITツール ⑤地域の経営人材	①リアル日本語教室 ②全世界でのオンラ イン日本語教育 ③①と②の融合	自国内外で日本語を 使用して進学＆ビジ ネスを活用したい全 世界の皆様に日本語 学習を、いつでも、 どこでも、簡単に、 わかりやすく学習し ていただける

外部環境

国際化の更なる進展
オンライン教育技術の発展
日本語教育需要の増加

2027年に向けていまからどうするか

補助金申請時の事業計画内容のまとめ（非公開）

　比較っていう意味で言うと、これまでのターゲットは、どちらかというと日本に進学する学生というのがメインだったんですよね。これからは、進学プラス、ビジネス、つまり「日本語を勉強して、（国内外問わず、いつでもどこでも）すぐ仕事に使いたい」という人たちにも対象を広げる考えです。

　このため提供価値のところは、左が進学希望の留学生です。右の方が進学以外の人にも対象を広げたということですね。

◆図5－6　横浜国際教育学院のビジネスモデル

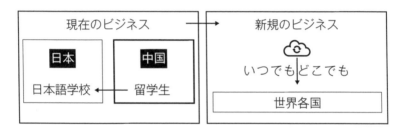

Q2 今回の事業計画が実現できると中国人の方にどんなメリットがありますか。

　いままでは留学しないと学べなかったような高度な日本語を、来日せずにオンラインで勉強して、そのまま自国の日系企業などに就職したりとか、もしくは日本に来て就職したりとかということですね。同じ就職でも、日本での就職と自国での就職っていう2パターンがありますね。

　　＜補足＞
　㈲横浜国際教育学院は、現在補助事業を完了させ、Web上でのサービスを開始している。

◆図5-7　オンライン学習の画面

Q3 経営のデザインを補助金採択後に再度してみようと思われたきっかけは何ですか。

　従業員に見てもらおうと……。各々の業務が全体のどの部分に貢献しているかというのをご理解いただくためですね。経営デザインシートは、そういう風にも使えるのかなと。補助金が採択されて、ある程度立ち上がって、先が本当に見えてきたので、本格的に行きますって。それこそ社内にわかりやすい資料があればいい。「みなさんどう思われますか。2027年にはこうしたいって。」経営者とか幹部だけじゃなくて全員に知ってほしい内容ですね。いまはテストランと言うかもう始まっているので。

シンプルなのでコレできます

戸惑いがありながら、人によって温度感が違う中で走っているので。全員のコンセンサスを得る必要のあるタイミングが、まさしくいまですね。

Q4 経営デザインシートの作成を、和泉取締役が中心となって行われたのはなぜですか。

　うちは、トップが理事長（父親）で、現場は副理事長（姉）と私の二人三脚でやるスタイルです。新規事業は私の担当なので、私がアクセルを踏んで将来の絵（経営デザインシート）を描き、姉がブレーキをかけながら注意事項を洗い出しするような役割分担ですね。

Q5 経営デザインシートを提供価値、ビジネスモデル、資源の順番で埋めていくっていうのはどう思われますか。

　いいと思いますよ。私の場合、普段からビジネスモデルを提供価値から考えているんです。そしてこういう経営資源を持っているから、持っていないからこうしようと。足りない資源を手に入れるって難しいけど、どう手に入れるんだっていうことを考えないといけないと思うんですよね。提供したい価値のためにはどんな資源が必要か、資源がなかったら手に入れるしかないということですよね。その逆ではなく。

　ビジネスモデルは、実際プランニングしてトライアンドエラーは必要だと思うんですけど。提供したい価値に関してはそんなに簡単には変わらないと思うんですよね。もうそれは固定。変えるとしたらビジネスモデルの方だと考

できる人は既にやってます

えています。今ある資源、手に入る資源、入らない資源と足し算引き算してできそうなビジネスモデルにしないとまずいと思うんですけどね。

 補助金申請段階ではなかった、2027年の資源の「⑤地域の経営人材」を採択後に加えられた背景をお聞かせください。

　世界を目指したとき、これ（補助金申請段階に作成した経営デザインシートの内容）だけじゃ足りないですよね。（補助金対象の）中国版のITツールをヨーロッパ版にしたぐらいでは済まない何かが出てくるんだろうなと思っていて。そこら辺でポイントになるものがあります。すごく普通の言葉ですけど。新規事業をやるための幹部の育成っていうんですかね。講師の方じゃなくて新規事業を推進する人材。

　先々は１つの大陸を１つの事業部にして。要するにヨーロッパ事業部、南米事業部など国によってマーケティングの仕方を変えていきます。マーケティングは、ちゃんと考えてその事業部としての独立採算制をとる。「これだけ宣伝かけて、こうやってこれだけ学生を集める計画にしましょう！」と。必要なのは、こういう経営感覚を持った幹部ですね。世界制覇とかってなると日本人とイギリス人、単に言葉の違いだけじゃない。中国だったら僕はまだそんなに感覚ずれないと思いますけど、南米とか結構マーケティング変えることになります。カリキュラムも漢字圏と非漢字圏の人だと学習スピードにね、どうしてもハンディキャップがありますから。

　いままでは、どの国の学生も画一的に教える技術が求められた。それはそれで素晴らしいことなんですけど、私がこれから（中国版以降に）欲しいのは漢字が全然わからない人と漢字がある程度わかる人が混在しているクラスで、うまく授業を進めていくっていう技術なんで

す。今後オンラインで人数の細分化みたいなところに進んでいくと、もっと臨機応変にカスタマイズした授業の進め方やカリキュラムの見直しみたいなことをできる人。極端な話「このコース、この国の目標に関しては、カリキュラムを変えるし金額も調整しましょう」そうでないと「市場に入れませんよ」もしくは「売れますよ」と自主的に考えて提案してくれるような幹部が育っていることですね。

　ベース（思考の基点）を2027年にすると見えてくる景色が違って、そこらへんは、現行の従業員の方も想定はされてないので、考え方を共有しようと考えた場合は、そこもちょっと書き込んでおくといいんです。

◆図5-8　横浜国際教育学院の現在の学び

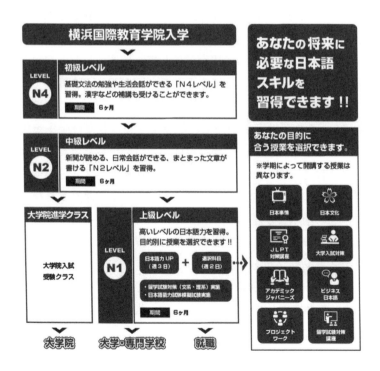

株式会社アクトキャップ
（事業承継・引継ぎ補助金　活用企業）

～ヒアリング対象者～

代表取締役　花﨑　恵多氏

1970年神奈川県横須賀市出身。県立高校卒業。佐川急便株式会社入社。軽自動車から大型トラックまで配送業務をこなす傍ら、営業から管理まで幅広い業務に従事。
2016年、誘いを受けて磐栄ホールディングスグループに移籍。M&Aで急速に拡大するグループにあって、新しい会社との橋渡し役として、全国各地を飛び回る生活が続く。その後、中核会社の社長を経て、2021年株式会社アクトキャップを設立。2022年秋に1社目のM&Aが成約。一般的に困難と言われた実質的に個人で譲り受ける事業承継を実現させた。

　「長く運送会社に勤めてきたので、それなりに経験はありましたし、前職で社長として経営にも携わることができましたが、それだけでは、信用力がないんだなと痛感しました。」

　本事例企業㈱アクトキャップの花﨑社長の言葉です。続けてこんなことも言われました。

　「いきなりM&Aを目指していましたので、実事業のない会社にお金を貸してくれるところはなく、得体のしれない実質個人に対して、会社を譲ろうなどと思う人は、ほぼ皆無でした。わかっていたこととはいえ、いざ、やってみると、様々、大変だなと。こんなにもハードルが高いのかと。お先真っ暗でした。そうは甘くありませんでした。」

　実は、筆者はM&Aの環境については良く知っています。金融機

関係の会社に勤務していたため、金融機関の考え方がわかっていたことと、金融機関以外（公的機関等）の対応も中小企業診断士として、中小企業施策を教える立場にある関係で勉強していたためです。実のところ、自分自身でも事業会社を M&A して事業をやってみたいという思いがあり、金融機関や公的機関等とも話をしていますが、残念ながらいまだ成就はしていません。

　今回、㈱アクトキャップの花﨑社長は、資金力の乏しい創業企業従業員ゼロ、事業会社の運営実績なしで補助金申請と金融機関への融資を申し込まれました。花﨑社長には失礼な話ですが、私は、補助金の採択の可能性は甘くみて 5 ％程度。仮に補助金が採択されても金融機関の融資は 10％の確度だろうと思っていました。

　結果は、補助金採択、金融機関融資 OK。私はこの結果を射止めたのは、花﨑社長の社会課題を解決したいという強い思いと、それを達成するための長期的な経営のデザインができていたためではないかと感じています。

【株式会社アクトキャップ　事業概要】
- ➢ 設立：2021 年 10 月 12 日
- ➢ 資本金：300 万円
- ➢ 本　社：神奈川県横浜市戸塚区品濃町 550-7
　　　　　　広進ビル 3F
- ➢ 電　話：045-900-8317
- ➢ 代　表：代表取締役　花崎　恵多
- ➢ 事　業：運送会社
　　　　　　（今回の M&A から実事業に参入）

M&A 先　（M&A 2022 年 11 月 15 日クロージング）
- ・企業名：有限会社マエダ・エス・エス
- ・資本金：900 万円
- ・電　話：0538-43-7256
- ・本　社：静岡県袋井市鷲巣 763 番地

アクトキャップ
activate capability

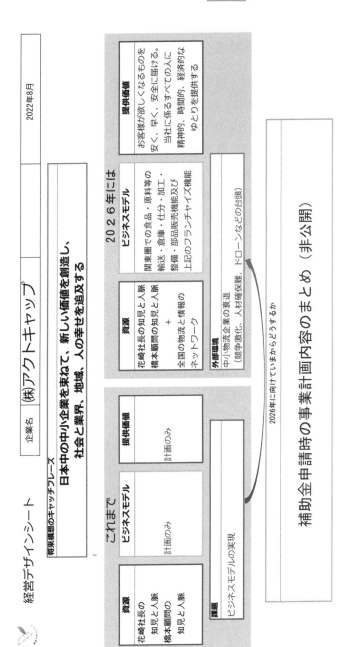

経営デザインシート

| 企業名 | ㈱アクトキャップ | 2022年8月 |

将来構想のキャッチフレーズ

**日本中の中小企業を束ねて、新しい価値を創造し、
社会と業界、地域、人の幸せを追及する**

これまで

資源	ビジネスモデル	提供価値
花崎社長の知見と人脈 橋本顧問の知見と人脈	計画のみ	計画のみ

課題：ビジネスモデルの実現

2026年には

資源	ビジネスモデル	提供価値
花崎社長の知見と人脈 橋本顧問の知見と人脈 ＋ 全国の物流と情報のネットワーク	関東圏での食品・原料等の食品・仕分・加工・輸送・倉庫・部品販売機能及び整備・上記のフランチャイズ機能	お客様が欲しくなるものを安く、早く、安全に届ける。当社に係るすべての人に精神的、時間的、経済的なゆとりを提供する

外部環境：中小物流企業の衰退（競争激化、人材確保困難、ドローンなどの台頭）

2026年に向けていまからどうするか

補助金申請時の事業計画内容のまとめ（非公開）

237

会社設立の動機を教えてください。

　そもそもの動機としては、2つありまして……。きっかけの一番として最初に感じたのは、M&Aの担当で窓口をしていた当時、本当に大きい企業じゃないと、ほぼM&Aのご提案をお断りしていた状況だったんですけど、概要書を見てこの企業ならと思っていたところもいくつか含まれていまして。M&Aの数が多い会社でしたので、持ち込まれる案件もそれなりに多く、当然のことながら、M&Aが決まるよりもお断りした案件の方が多い状況でした。そのような状況で、お断りした会社の中には、数か月後に倒産したという話を聞いたこともありました。これに関しては、どうにもならない事なのですが、非常に切ない思いもあって……。そのうち、このままでいいのかと思うようになり、（小規模な企業でM&Aを望まれている企業のために）自分でも何かできないかと考えるようになったのが1つめです。

　そうは言っても、当時は様々な案件を抱え、忙しくやっていましたので、特に行動に移すことはありませんでした。要は、忙しくて深く考える暇がなかったのです。社会に出てからずっと、常に何かに追われているような感覚でしたので。

　2つめは、雇われ社長とオーナー社長がありますが、勝負したい、会社をやってみたい。独立したいという人は多いですけど、融資とか様々いろんなことが大変だなと。会社を始めるにはハードルが高いなと。第2の動機として、そういう思いがある人にとって、自分がこういうことをやることでM&Aによる会社設立のハードルを下げられればいいなと思ったのです。

　そこに、コロナ禍です。行動が制限され、必然的に会社にいる時間が多くなり、立ち止まって考える時間ができました。本当に漠然となんですが、年齢も50になり、何かやるならラストチャンスかなと。イメージはすぐに浮かび、自分がオーナーで思いのこもった運送会社

をやる。ゼロからでは時間がかかるので、事業承継、M&Aでやろうと。会社を買収する資金などありませんでしたが、これまでの経験だけでどこまでできるか、とにかく、やってみようと行動に移しました。

一見無謀なこの挑戦を何とか成功させて、後継者志望が増えればよいなと思ってます。特に、起業はしたいけれど躊躇している人たちにとって、選択肢の一つになれればと。

Q2 会社設立時のビジネスモデルはどんなものを考えていましたか。

運送会社に長く勤めてきましたので、ここ（運送業界）で事業の基礎をつくっていきたいと考えています。2～3社ほど買収して、関東近郊に6か所ほど拠点を設けることで、首都圏の輸送網を網羅したい。人数でいえば、150名から200名くらいの規模で運送業を引き受けることにして1つの運送グループを作り、間接部門の効率化を図ってシステム化して利益につなげて続けていきたい。

それが1つのベースですけど、そこで基礎をつくり、そのほかにも運送の関連するところ、例えば、倉庫であるとか、輸出入であるとかの事業まで展開したいと考えているんです。せっかくなら、1大勢力にしたい。普通の運送業

> 思いの強さが成否の分かれ目です

を小さくやるだけでは芸がないというか……。これから働き手が減少していく中で、いままでと同じことをしていたのでは生き残れないなと。実運送を主体にはするんですけど、時代にマッチした新しいことを始められたらいいなと思っています。

Q3 貴社のような企業が M&A を行うのは、極めて特殊なケースですが、金融機関の反応はどうでしたか。

　反応が良かったところは 1 つもなかったですね。まず、一昨年独立したんですけど、金融機関さんとしては、実事業がない中で融資はしない。当然のことなんですが、絵を描いてプレゼンをしても覆ることはなかったですね。もう 1 つは、実質個人で始めたものなんで、会社として見られていないと。(中小企業) 並レベルの資金力もあるわけではありませんので、与信がないというのは痛いほど実感したところです。㈱ BHC パートナーズの橋本さんのお力を借りて、なんとかなりました。協力がなければ地獄に落ちてましたね。

　長く運送会社に勤めてきたので、それなりに経験はありましたし、前職で社長として経営にも携わることができましたが、それだけでは、信用力がないんだなと痛感しました。スポンサーがない中でやるとこんなに大変なんだなと、胃に穴が空くほど良くわかりました。

　私のようなケースの M&A が厳しいままの状態だと、大企業、資金力のあるところしか M&A はやっていけないですし。これからは、引き受け手の裾野を広げていく必要があると考えています。特に融資

や補助金に関わる資金に関することですが、このあたりのハードルが健全に下がればと思います。金融機関や支援機関はもちろんですが、国としてのサポート体制をもっともっと整備してほしい。誰しも日々の生活があるので、ここまではなかなか踏み込めないと思うんですよね。あくまでも健全でないといけませんが、少しハードル下げられたらいいなと思っているんです。

Q4 貴社のキャッチフレーズについて説明してください。

　当社は、まずキャッチフレーズの「新しい価値を創造する」、これを模索していきたい。社名は activate capability（活性化能力）から付けておりますので、ここからスタートしています。いままでをなぞるんではなくて、新しい価値も創造する、そのことを重要視しています。その結果、人が集まる会社になりたいなと。活気がある会社は魅力的で人が集まると思いますので。

◆図5－9　アクトキャップのビジネスモデルのイメージ

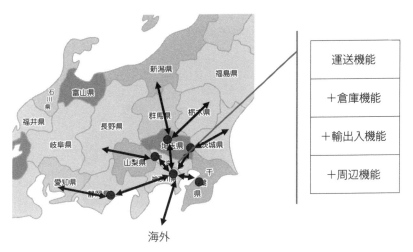

Q5 経営デザインシートは、補助金採択後に完成させていますが、補助金申請前と後で大きく変わった点はありますか。

運送業界から「新しい価値を創造する」ことからスタートしており、これから2026年の姿（提供価値やビジネスモデル等）やそこに至るまでの移行戦略は、変えていません。

基本は
ブレま
せんね

一方で、会社設立後M&Aで苦労した経験から、会社経営の一番の目的が「自分がこういうことをやることによって、M&Aによる会社設立のハードルを下げられればいいな」という点に変わってきました。

＜補足＞

㈱アクトキャップはM&Aを成功させ無事、業務の引継ぎを完了させている。

資料 1　経営デザインシート（簡易版）

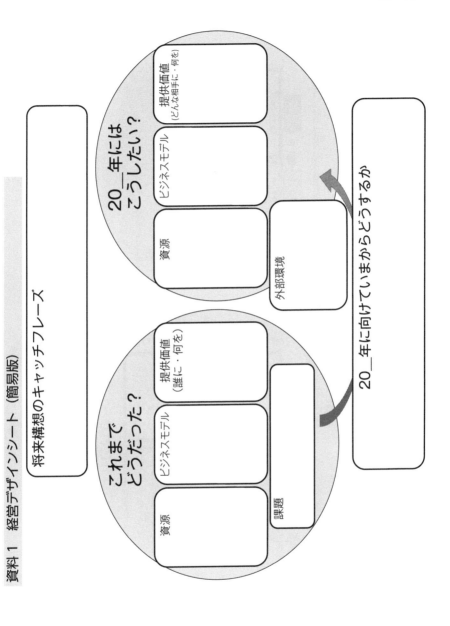

将来構想のキャッチフレーズ

**これまで
どうだった？**

- 資源
- ビジネスモデル
- 提供価値
  （誰に・何を）
- 課題

**20＿年には
こうしたい？**

- 資源
- ビジネスモデル
- 提供価値
  （どんな相手に・何を）
- 外部環境

20＿年に向けていまからどうするか

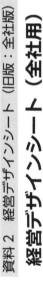

経営デザインシート（全社用）

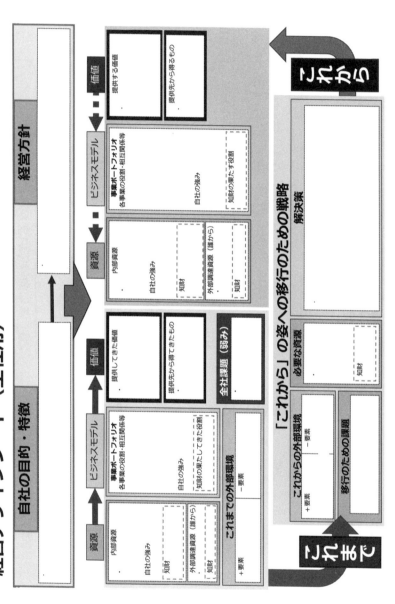

資料2　経営デザインシート（旧版：全社版）

244

資料 3　経営デザインシート（新版）

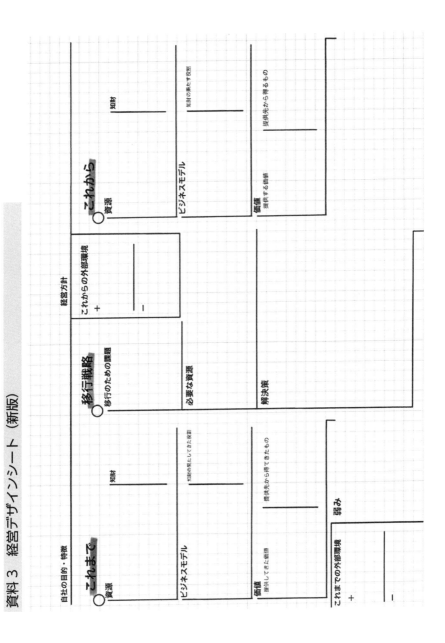

おわりに

　本書をお読みいただいた皆さま、いかがでしたでしょう。何か参考になった点や気づきは、ありましたでしょうか。本書をお読みいただいた皆さまのお役に立てていれば嬉しい限りです。

　その知識が風化しないうちに、実務で利用してください。

　今回の出版にあたっては、多くの方のご支援をいただきました。インタビューにご協力いただいた5社の中小企業経営者の皆さま、ありがとうございました。おかげさまで経営デザインシートの作成現場をリアルにお伝えすることができたと思います。

　また、本書の執筆に関連してアドバイスをいただいた皆さまありがとうございます。おかげさまで出版までたどりつくことができました。

　最後に、本出版企画の検討段階から出版までご支援いただいた東京経営研究グループ（中小企業診断士）代表の鴲原恵二様、日本法令の伊藤隆治様、および日本法令等で本書の出版に携わっていただいた皆さま、本当にありがとうございました。

㈱中村貴彦中小企業診断士事務所
（Office コンサル鷹（認定経営革新等支援機関））
代表取締役　中村　貴彦

【著者略歴】

中村 貴彦（なかむら たかひこ）

㈱中村貴彦中小企業診断士事務所
（Office コンサル鷹（認定経営革新等支援機関））
代表取締役

1966 年三重県出身。1989 年電気メーカー入社。
経営企画、生産管理等を担当。2003 年に地方銀
行系シンクタンク入社。中小企業経営コンサルティング、行政の委託事業
運営等を担当。2019 年に Office コンサル鷹を開業し副業でセミナー講師
や執筆等を開始。2022 年 3 月に独立し現職。
経営コンサルティングでは、経営デザインから事業計画立案、知財活用ビ
ジネス支援、工場計画〜現場改善建設等。中小企業施策の普及には、認定
経営革新等支援機関、審査員、行政の相談員、委託事業の現場責任者、講
師などの立場で関与。中小企業診断士向けには、資格更新のための研修
（理論政策更新研修の中小企業政策）で経営デザインシートや補助金の解
説を数千名に行っている。
人を大切にする経営学会会員、東京都中小企業診断士協会会員（知財活用
ビジネス研究会（KDS 等）代表幹事、中小企業施策研究会（補助金等）
幹事）ほか
連絡先：nakamura@consultaka.jp

補助金活用に役立つ
経営デザインシート作成の仕方 令和5年4月10日　初版発行

検印省略

〒 101-0032
東京都千代田区岩本町1丁目2番19号
https://www.horei.co.jp/

著　者　中　村　貴　彦
発行者　青　木　健　次
編集者　岩　倉　春　光
印刷所　日　本　ハ　イ　コ　ム
製本所　国　　宝　　社

（営 業）　TEL　03-6858-6967　　Eメール　syuppan@horei.co.jp
（通 販）　TEL　03-6858-6966　　Eメール　book.order@horei.co.jp
（編 集）　FAX　03-6858-6957　　Eメール　tankoubon@horei.co.jp
（オンラインショップ）　https://www.horei.co.jp/iec/
（お 詫 び と 訂 正）　https://www.horei.co.jp/book/owabi.shtml
（書籍の追加情報）　https://www.horei.co.jp/book/osirasebook.shtml
※万一、本書の内容に誤記等が判明した場合には、上記「お詫びと訂正」に最新情報を掲載し
　ております。ホームページに掲載されていない内容につきましては、FAX または E メー
　ルで編集までお問合せください。